reinhardt

Petra Breuer-Küppers • Anna-Maria Hintz •
Mario Spies

Hochbegabte Kinder inklusiv fördern

Differenzierter Unterricht in der Grundschule

Mit 38 Abbildungen und 8 Tabellen

Mit Online-Zusatzmaterial

Ernst Reinhardt Verlag München

Petra Breuer-Küppers ist Lehrerin für Sonderpädagogik an der LVR-Hanns-Dieter-Hüsch-Schule in Viersen und Vorstandsmitglied bei Science on Stage Deutschland.

Prof. Dr. *Anna-Maria Hintz* hat die Professur für Pädagogik und Didaktik bei Beeinträchtigungen des Lernens unter besonderer Berücksichtigung inklusiver Bildungsprozesse an der Universität Oldenburg inne.

Mario Spies ist Schulleiter der Grundschule Landkern und Referent für Sachunterricht.

Im Ernst Reinhardt Verlag ebenfalls erschienen:
Breuer-Küppers, P., Hintz, A.-M.: Schüler mit herausforderndem Verhalten im inklusiven Unterricht (1. Aufl. 2018; ISBN 978-3-497-02815-3)
Breuer-Küppers, P., Bach, R.: Schüler mit Lernbeeinträchtigungen im inklusiven Unterricht (1. Aufl. 2016; ISBN 978-3-497-02636-4)

Bibliografische Information der Deutschen Nationalbibliothek

Die Deutsche Nationalbibliothek verzeichnet diese Publikation in der Deutschen Nationalbibliografie; detaillierte bibliografische Daten sind im Internet über <http://dnb.d-nb.de> abrufbar.
ISBN 978-3-497-03056-9 (Print)
ISBN 978-3-497-61515-5 (PDF-E-Book)
ISBN 978-3-497-61516-2 (EPUB)

Printed in EU
Cover unter Verwendung eines Fotos von iStock.com/RuslanDashinsky
Abb. 28 unter Verwendung einer Abbildung von © Calliope gGmbH
Satz: Bernd Burkart; www.form-und-produktion.de

Ernst Reinhardt Verlag, Kemnatenstr. 46, D-80639 München
Net: www.reinhardt-verlag.de E-Mail: info@reinhardt-verlag.de

Inhalt

Das Online-Material zum Buch können LeserInnen auf der Homepage des Ernst Reinhardt Verlags unter https://www.reinhardt-verlag.de herunterladen. Das Zusatz-Material ist passwortgeschützt. Das Passwort zum Öffnen der Dateien finden Sie vor dem Literaturverzeichnis.

Zum Aufbau des Buches

Dieses Buch wendet sich an alle Personen, die im schulischen Kontext mit GrundschülerInnen mit Hochbegabung arbeiten oder zukünfig arbeiten werden. Zur besseren Orientierung ist es in drei Teile gegliedert:

Teil 1: Hochbegabung und Fallbeispiele

Im ersten Teil steht das Thema Hochbegabung grundlegend im Mittelpunkt. Neben Definitionen von Hochbegabung bekommen LeserInnen die Gelegenheit, in Form von Fallbespielen einige SchülerInnen kennenzulernen, bei denen offiziell eine Hochbegabung diagnostiziert wurde. Die Fallbeispiele sollen Hinweise auf Merkmale und Verhaltensweisen von Kindern geben, die eine Lehrperson veranlassen können, das eventuelle Vorliegen einer Hochbegabung in Betracht zu ziehen und entsprechende nächste Schritte zu initiieren (aus Datenschutzgründen wurden die Namen der SchülerInnen geändert). Allgemeine Vorschläge zum Umgang mit Hochbegabung in der Grundschule runden diesen Teil des Buches ab.

Teil 2: konkrete Vorschläge für Unterricht in heterogenen Lerngruppen

Da in der Grundschule die Fächer Deutsch, Mathematik und Sachunterricht eine besondere Stellung einnehmen, finden sich im zweiten Teil konkrete Vorschläge für diese Lernbereiche. Hier gibt es Anregungen dazu, wie LehrerInnen Kinder mit Hochbegabung in heterogen zusammengesetzten Lerngruppen im Schulalltag fördern können.

Teil 3: Anregungen für klassenübergreifende Arbeitsgemeinschaften o.Ä.

Während sich die Vorschläge im zweiten Teil des Buches auf den Klassenunterricht beziehen, geht der dritte Teil darüber hinaus und bietet Anregungen für unterschiedliche klassenübergreifende Arbeitsgemeinschaften (AGs), von denen besonders Kinder mit Hochbegabung profitieren können.

Zur besseren Lesbarkeit haben wir die Schreibweise mit Binnen-I gewählt (z.B. „SchülerInnen“). Gemeint sind damit jeweils alle Geschlechter.

1 Kinder mit Hochbegabung im inklusiven Unterricht

1.1 Hochbegabung – Was ist das?

Hochbegabung erkennen

Der Begriff „Hochbegabung“ wurde 1928 von William Stern in die Psychologie eingeführt (vom Scheidt 2004). Er mag auf den ersten Blick einfach und eindeutig erscheinen: Hochbegabt ist jemand, wenn er über eine besonders ausgeprägte Begabung verfügt. Ganz so einfach ist es allerdings nicht, denn Kinder mit Hochbegabung sind genauso individuell wie alle anderen Kinder auch (Mähler/Hofmann 2005).

! Wir nutzen die Formulierung „Kinder mit Hochbegabung“, um deutlich zu machen, dass es sich in erster Linie um Kinder handelt. Sie haben zwar eine besondere Eigenschaft, nämlich die Hochbegabung, sind aber ansonsten so individuell hinsichtlich ihrer Eigenschaften wie alle anderen Kinder auch.

Kinder mit Hochbegabung kommen in allen gesellschaftlichen Schichten bzw. Milieus vor, also auch in Elternhäusern mit einem eher niedrigen Bildungsgrad (Feger 1981). Äußerlich ist eine Hochbegabung nicht sichtbar. Sie zeigt sich vor allem in Situationen, in denen Kinder eine bestimmte Problemstellung bearbeiten oder im Alltag, wenn sich für die Kinder die Gelegenheit ergibt, ihre besonderen Kompetenzen zeigen zu können (Stapf 2003).

In der Schule fallen Kinder mit Hochbegabung oft durch ihre rasche Auffassungsgabe auf und dadurch, dass sie neu erworbenes Wissen schneller als andere mit bereits (in anderen Bereichen) Gelerntem verknüpfen können (Mähler/Hofmann 2005). Weinschenk (1981) nennt als weitere Merkmale von Kindern mit Hochbegabung hervorragende Wahrnehmungs-, Gedächtnis- und Abstraktionsleistungen, eine außergewöhnliche Sprachbeherrschung, ein ungewöhnliches Informationsbedürfnis, eine radikale Fragehaltung, eine hohe Lerngeschwindigkeit und eine enorme Vielfalt an Interessen. Vor allem in der Effektivität von Lern- und Denkstrategien sowie dem Erkennen abstrakter Relationen sind Kinder mit Hochbegabung anderen Kindern überlegen (Stapf 2003). Darüber hinaus können sich Kinder mit Hochbegabung oft auch in einer äußerst ablenkenden Umgebung sehr aufmerksam und konzentriert mit einer sie interessierenden Tätigkeit beschäftigen (White 1985).

Auch in der Wissenschaft bestehen verschiedene Definitionen der Hochbegabung. So schreibt Geuß schon in den 1980er Jahren:

Definition

„Hochbegabt ist, wer in der Lage ist oder in die Lage versetzt werden kann, sich für ein Informationsangebot – auch aus seiner Sicht – hohen Niveaus zu interessieren, ihm zu folgen, es zu verarbeiten und zu nutzen“ (Geuß 1981, 52).

Die Person muss dazu geeignete Möglichkeiten und Strategien finden, um die Menge an Informationen systematisch und konsistent zu zerlegen, zu organisieren, zu bewerten und zu verdichten (Geuß 1981). Dies setzt voraus, dass die Person eine komplexe Aufgabe in Teilaufgaben zerlegen kann und bereits vorhandenes Wissen gezielt zur Lösung der Aufgabe einsetzt. Nicht zuletzt müssen die eigenen Aktivitäten und Erkenntnisfortschritte bewertet und eingeordnet werden (metakognitive Kompetenz). Alle drei Fähigkeiten (Einsatz von Wissen, Finden von Strategien und metakognitive Kompetenz) — bedingen einander.

Lucito (1964) definiert Hochbegabung wie folgt:

„Hochbegabt sind jene Schüler, deren potentielle intellektuelle Fähigkeiten sowohl im produktiven als auch im kritisch bewertenden Denken ein derartig hohes Niveau haben, daß begründet zu vermuten ist, daß sie diejenigen sind, die in der Zukunft Probleme lösen, Innovationen einführen und die Kultur kritisch bewerten, wenn sie adäquate Bedingungen in der Erziehung erhalten“ (Lucito 1964, 184).

Diese Definition ist zwar schon älter, ist aber inhaltlich so oder so ähnlich auch in neueren Publikationen immer wieder zu finden (z. B. McWilliams 2018).

intellektuelle Hochbegabung

In beiden Definitionen geht es um die intellektuelle Hochbegabung, d. h. um die Fähigkeit, abstrakt zu denken, die auch im Fokus dieses Buches steht. Weitere, davon relativ unabhängige Fähigkeitsbereiche sind nach aktueller Forschung soziale, musische, bildnerisch-darstellende und psychomotorisch-praktische Fähigkeiten (Stapf 2003). Eine Person kann in einem dieser Bereiche hochbegabt sein bei gleichzeitig (unter-)durchschnittlicher Ausprägung in jeweils anderen Bereichen.

Generalfaktor der Intelligenz

Schon der Psychologe Charles Spearman ging 1927 davon aus, dass diesen Fähigkeitsbereichen mit hoher Wahrscheinlichkeit eine gemeinsame Fähigkeit zugrunde liegt, die er mit „g-Faktor“ (Generalfaktor der Intelligenz) bezeichnete (Schiefele/Krapp 1981). Ein hoher g-Faktor würde in diesem Kontext bedeuten, dass auch komplexe Informationen schnell verarbeitet werden können.

IQ

Zu den Intelligenzfaktoren gehören ebenfalls Einfallsreichtum, Flexibilität des Denkens und Wortgewandtheit sowie das Auffinden von Ordnung und Regeln (Stapf 2003). Das Konstrukt Intelligenz, das je nach Definition u.a. verbale und mathematische Intelligenz sowie räumliches Vorstellungsvermögen umfasst, kann mit Hilfe spezieller Tests erfasst und als Intelligenzquotient (IQ) angegeben werden. Hierbei wird davon ausgegangen, dass Intelligenztestwerte um den Mittelwert 100 normalverteilt sind. Werte über 130 (bzw. unter 70) sind hierbei relativ selten. In der Regel ist bei IQ-Werten über 130 vom Vorliegen einer Hochbegabung auszugehen, wobei diese Grenze willkürlich im Sinne einer Konvention festgelegt ist (Geuß 1981).

Nach Sternberg (1993, zitiert nach Preckel/Baudson 2013) müssen fünf Kriterien erfüllt sein, damit man von einer Hochbegabung sprechen kann (Abb. 1).

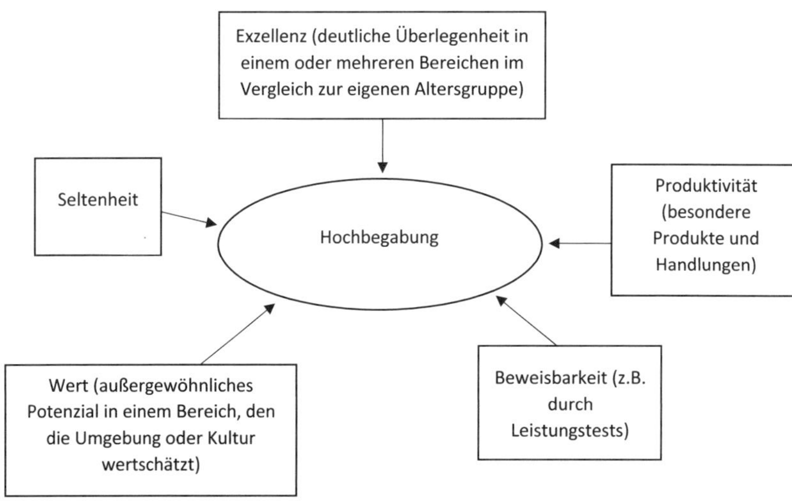

Abb. 1: Fünf Kriterien der Hochbegabung (basierend auf Inhalten aus Preckel/Baudson 2013)

Laut Stapf (2003) kommt eine Hochbegabung bei Jungen und Mädchen ungefähr gleich häufig vor, wobei Mädchen oft weniger auffällig in ihrem Verhalten sind und daher hinsichtlich ihrer Hochbegabung leicht übersehen oder falsch eingeschätzt werden. Während bei Jungen tendenziell häufiger ein großes Interesse im Bereich der Naturwissenschaften zu erkennen ist, scheint Hochbegabung bei Mädchen weniger spezifisch, sondern eher vielseitig ausgeprägt zu sein (Stapf 2003).

Underachiever

Wenn Kinder mit Hochbegabung starke Minderwertigkeitsgefühle, ein geringes Durchhaltevermögen, eine geringe Motivation, Prüfungsangst o. ä. entwickeln, kann es vorkommen, dass sie ihre Leistung in der Schule nicht abrufen können (Mähler/Hofmann 2005). Hält diese Leistungsdiskrepanz länger als ein Jahr an und stabilisiert sich, werden sie als sogenannte „UnderachieverInnen" bezeichnet (Stapf 2003). Bei UnderachieverInnen kann es vorkommen, dass sie außerhalb der Schule bei Themen, die sie interessieren und in Umgebungen, in denen sie sich wohlfühlen, sehr wohl leistungsmotiviert sind.

Intelligenz alleine garantiert noch keine hohen Schulleistungen, sie macht sie jedoch wahrscheinlicher (Preckel/Baudson 2013). Auf diesen Aspekt wird in Kap. 1.4 näher eingegangen, wenn es um Kompetenzen und Förderbedarfe hochbegabter SchülerInnen geht.

1.2 Wie erkenne ich ein Kind mit Hochbegabung in meiner Klasse?

Hochbegabung hat viele Gesichter. Daher ist es nicht einfach, ein hochbegabtes Kind in einer Lerngruppe zu erkennen. In diesem Kapitel werden verschiedene Fallbeispiele aus der Schulpraxis dargestellt, um für mögliche Hinweise auf Hochbegabung zu sensibilisieren. In den nachfolgenden Kapiteln wird immer wieder Bezug auf diese Fallbeispiele genommen.

Am Ende dieses Kapitels findet sich eine Liste möglicher Merkmale, die auf eine Hochbegabung hinweisen. Sollten viele der genannten Merkmale zutreffen, könnte dies von der Lehrkraft als Anlass genommen werden, das Vorliegen einer Hochbegabung zu vermuten und ggf. in Rücksprache mit den Eltern entsprechende diagnostische Schritte anzuregen.

Nicht jedes Kind, das sich so verhält, ist hochbegabt, und nicht jedes hochbegabte Kind zeigt die Merkmale einer Hochbegabung in typischer Form.

!

1.2.1 Fallbeispiele

1.2.1.1 Mathilda (9 Jahre)

BEISPIEL

Bei ihrer Einschulung zeigt sich Mathilda im Rahmen des Aufnahmegesprächs als aufgewecktes und fröhliches Mädchen. Sie erzählt von ihren Hobbies und von Büchern, die sie gerade liest. Zum Abschluss des Gesprächs soll sie auf einem Bild verschiedene Formen erkennen und benennen und schließlich einen Tisch zeichnen. Nach einem flüchtigen Blick auf die Aufgaben weigert sie sich mit den Worten: „So einen Sch*** mache ich nicht!“ Zu einem späteren Zeitpunkt erfährt die Lehrkraft von der Mutter, dass Mathilda als Baby sehr wenig geschlafen habe und bei allen Aktivitäten der Mutter dabei sein wollte. Als 2-Jährige habe sie angefangen, sich für Buchstaben zu interessieren und zunächst den Buchstaben „A“, den sie von ihrer Mutter gelernt hatte, in Zeitungen zu suchen. Mit drei Jahren sei das Interesse für Zahlen hinzugekommen. Im Kindergarten sei sie dadurch aufgefallen, dass sie Spielzeuge aus Überraschungseiern nach Bauanleitung zusammensetzen konnte.

In der Schule lebt Mathilda sich schnell ein. Sie kann sich Dinge gut merken. Die Aufgaben für eine Stunde hat sie oft schon nach wenigen Minuten fertig bearbeitet. Dann fordert sie weitergehende und tiefergehende Aufgaben und kann nicht verstehen, warum sie auf die langsamer lernenden Kinder warten soll. Mit den Hausaufgaben gibt es große Probleme, weil Mathilda sie meist nicht anfertigt. „Das kann ich sowieso schon. Also brauch' ich das auch nicht üben!“, ist eine häufige Äußerung. An einer Mappe zum Thema „Meeressäuger“, die sie Ende der ersten Klasse in ihrer Freizeit angefangen hat, arbeitet sie hingegen fleißig und konzentriert. Als in der zweiten Klasse der Religionsunterricht nicht mehr von der Klassenlehrerin erteilt wird, sondern von einer anderen Lehrkraft, beschwert diese sich schon nach kurzer Zeit über Mathildas Verhalten, das sie als frech und unverschämt empfindet. Auf Nachfragen der Klassenlehrkraft stellt sich heraus, dass Mathilda die Fachkenntnis der Kollegin in Bezug auf das Leben nach dem Tod in Frage gestellt und ihr vorgeworfen habe, sie sei auf den Unterricht nicht ausreichend vorbereitet gewesen. Vergleichbare Kritik bekommen auch andere Lehrpersonen von Mathilda zu hören. Ihren Peers gegenüber zeigt sich Mathilda immer fair und Kindern mit körperlicher oder geistiger Beeinträchtigung gegenüber ist sie stets rücksichtsvoll. Ungerechtigkeit kann sie nicht ertragen und spricht sie sofort an. Das bringt Mathilda manchmal den Ruf einer Petze ein, doch das scheint sie nicht zu stören.

1.2.1.2 Johanna (7 Jahre)

BEISPIEL

Johannas Mutter ist eine einfache Frau, die ihrer Verzweiflung nach dem Elternsprechtag einer Lehrerin gegenüber Luft macht. Beim Elternsprechtag habe sie gehört, dass Johanna regelmäßig den Unterricht der Klasse störe, Probleme habe, sich in einer Gruppe unterzuordnen und „zu allem ihren Senf dazugebe“. Regeln würde Johanna ständig hinterfragen und sich nicht daran halten, wenn sie den Sinn nicht einsehen könne. Auch zu Hause sei Johanna nicht einfach im Umgang. Mit ihren beständigen Fragen bringe sie ihre Eltern immer wieder an deren Grenzen. Noch im ersten Schuljahr habe sich Johanna zu Hause das Klavierspielen und mit nur wenig Unterstützung das Notenlesen beigebracht.
Auf Anregung der Lehrerin wird Johanna auf Hochbegabung getestet. Das positive Ergebnis ist für alle Beteiligten eine große Erleichterung. Johanna überspringt die zweite Klasse und holt den verpassten Stoff mit Hilfe der neuen Klassenlehrerin, die Selbstlernmaterial zur Verfügung stellt, schnell auf. Nach den Herbstferien schreibt Johanna bereits die regulären Klassenarbeiten der dritten Klasse mit und erzielt vor allem bei Denkaufgaben sehr gute Leistungen. Bei Mathematikarbeiten lässt sie oft Rechenschritte weg und kann nicht erklären, wie sie auf die Lösung gekommen ist. Sie habe die Lösung einfach „gesehen“. Ihre neue Klassenlehrerin ist begeistert von Johannas Fragen, da sie die Welt so aus einer ganz neuen Perspektive sieht und dazu kommt, über Sachverhalte erneut nachzudenken, die ihr vorher selbstverständlich erschienen.

1.2.1.3 Rafael (10 Jahre)

BEISPIEL

Rafaels MitschülerInnen sind meist genervt von ihm und nennen ihn abwertend und spöttisch „der Professor“. Nur in Situationen, in denen Besuch von außen in die Schule kommt und die Klasse mit Rafaels Wissen glänzen kann, zeigen sie sich stolz auf ihn. Rafael selbst äußert sich nie dazu. Seit Beginn des vierten Schuljahres fehlen ihm auf dem Schulhof seine früheren (älteren) Spielkameraden, die mittlerweile weiterführende Schulen besuchen. Mit Gleichaltrigen kann er nur wenig anfangen. Körperlichen Auseinandersetzungen geht er aus dem Weg. Im Unterricht wirkt er auf seine Lehrkräfte oft abwesend. Er beschäftigt sich mit anderen Inhalten als den geforderten, kann aber auf Fragen immer die korrekte Antwort geben, worüber seine LehrerInnen immer wieder erstaunt sind. Rafael hat eine große Leidenschaft für technische Bauwerke wie z.B. Talsperren und hält seinen MitschülerInnen gern Vorträge darüber. Wenn ein Thema für ihn persönlich uninteressant ist, stört er den Unterricht massiv.

Die Klassenlehrerin schlägt den Eltern vor, dass Rafael an den Wochenenden ein spezielles Hochbegabtentraining besuchen könnte. Seitdem ist er in der Schule auch bei für ihn uninteressanten Lerninhalten deutlich ruhiger geworden. Auch in die Klassengemeinschaft bringt er sich seitdem mehr ein.

1.2.2 Merkmalsliste

Die Fallbeispiele zeigen, dass hochbegabte Kinder (und auch die Reaktionen ihrer Umgebungen) sehr unterschiedlich sein können. Die folgende Liste (z. B. Heilmann 1999, Heinbokel 1981, Heller 1996, Keller 2011, Mähler/Hofmann 2005, Stapf 2003) umfasst eine Reihe von Merkmalen, die bei hochbegabten Kindern in besonders ausgeprägter Art und Weise auftreten können:

- großer Wissensdurst, auch für moralische und philosophische Themen; ständige Lust auf Neues
- gute Beobachtungsgabe
- gutes Gedächtnis, auch für Details
- starkes theoretisches und forschendes Interesse
- hohes Konzentrationsvermögen (Fokussierung) und Beharrungsvermögen bei selbstgestellten Aufgaben
- hohe Lerngeschwindigkeit, vor allem, wenn der Stoff mit Denken zu bewältigen ist
- wenig Bedarf an Übungs- und Wiederholungsphasen
- Unlust gegenüber Routinen, weil sie zu wenig Herausforderung bedeuten
- Verweigerung von Aufgaben, die unterfordern
- Reaktion auf Unterforderung mit Lustlosigkeit, depressiven Verstimmungen, psychosomatischen Beschwerden (Kopf- und Bauchweh), Aggression
- umfangreiches Wissen
- Äußerung und glaubwürdiges Vertreten ungewöhnlicher Meinungen

- umfangreicher Wortschatz
- hoch ausgeprägtes Leseinteresse, oft bezogen auf Sachbücher
- gute sprachliche Kompetenz (komplexe Sprache mit Nebensätzen und Fremdwörtern)
- selbstständige Aneignung von z.B. Lesen, Schreiben, Rechnen
- Freude an der Ordnung und Strukturierung von Gegenständen und Ereignissen
- Erkennen und Formulieren sinnvoller Problemstellungen
- große Flexibilität bei der Wahl aufgabenspezifischer Strategien
- große Ideenvielfalt beim Lösen von Problemen
- Übertragung bereits erworbener Strategien auf neue Aufgabenklassen und bei Bedarf Anpassung der Strategien
- hohe Effizienz bei der Ausführung der Strategien
- Erkennen und Bilden von Analogien
- Formulieren relevanter und weiterführender Fragen
- Ablehnung vorgegebener Lösungswege
- schnelles Denken und Begreifen von Zusammenhängen
- Freude an intellektuellen Herausforderungen
- verblüffend gute Leistungen in Konstruktionsspielen
- außergewöhnliche Selbstständigkeit im Urteilsvermögen
- großes Gerechtigkeitsempfinden, Einsatz für MitschülerInnen, die behindert oder benachteiligt sind
- hohes Maß an Selbstkritik
- Perfektionismus
- selbstständige Antizipation der Konsequenzen von Handlungen
- Vorliebe für Kontakte zu älteren Kindern oder Erwachsenen
- Probleme, sich in einer Gruppe unterzuordnen
- Abneigung gegenüber physischen Auseinandersetzungen
- Hinterfragen von Regeln
- kritisches und forderndes Auftreten gegenüber Autoritätspersonen
- viel Energie

Diese Liste erfüllt nicht den Anspruch auf Vollständigkeit und kann lediglich als Orientierung dienen.

1.3 Diagnostik

Diagnostik sollte immer aus einem Anlass heraus initiiert werden: um aktuelle Probleme zu lösen und/oder zukünftigen Schwierigkeiten vorzubeugen. Im Falle einer vermuteten Hochbegabung könnte eine entsprechende Diagnostik z. B. Hinweise zur Beantwortung der folgenden Fragen geben, die vielleicht so oder so ähnlich im Schulalltag aufkommen (Abb. 2).

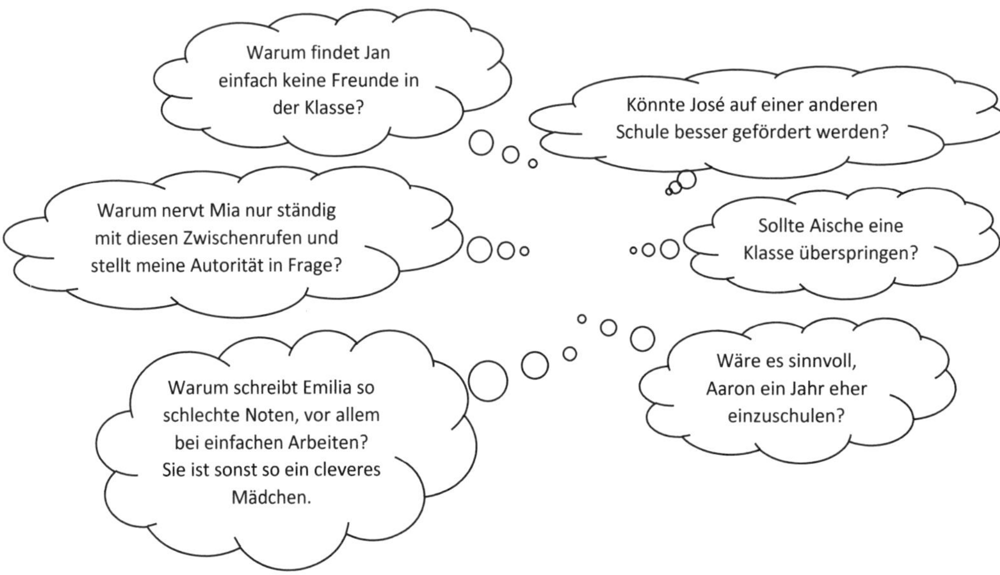

Abb. 2: Fragen zur Diagnostik

Um eine belastbare Aussage darüber treffen zu können, ob bei einem Kind eine Hochbegabung vorliegt, werden üblicherweise Intelligenztests verwendet.

Intelligenzbegriff

Intelligenz umfasst (je nach Definition) die Fähigkeit zum Lernen, zum abstrakten Denken, zum Problemlösen und zum Auffinden von Ordnung und Regeln, die in unserer Umwelt bzw. unserem Kulturkreis wichtig und zweckmäßig sind (Preckel/Baudson 2013, Stapf 2003). Häufig wird die fluide von der kristallinen Intelligenz unterschieden, wobei unter fluider Intelligenz die Fähigkeit zum Problemlösen und zur geistigen Anpassung an neue Aufgabenstellungen ohne Rückgriff auf gelerntes Wissen gefasst wird und unter kristalliner Intelligenz die durch Lernen und Bildung erworbenen Fähigkeiten. Viele Intelligenztests bilden beide Teilbereiche ab, wobei je nach Test unterschiedliche Gewichtungen und Aufgabenformate vorliegen.

Hochbegabung beginnt per Definition (Kap. 1.1) ab einem IQ von mehr als 130, wobei neben der Höhe des IQs auch Begabungsschwerpunkte, Konzentrations- und Merkfähigkeit, sowie die erworbene Bildung gemessen werden können und sollten.

Intelligenztests

Bei vermuteter Hochbegabung kommen z. B. folgende Intelligenztests zum Einsatz (Gauck/Reimann 2015):

- Münchner Hochbegabungstestbatterie (MHBT, Heller/Perleth 2007)
- Berliner Intelligenzstruktur-Test für Jugendliche (BIS-HB, Jäger et al. 2006)
- Adaptives Intelligenz Diagnostikum (AID-3, Kubinger/Holocher-Ertl 2014)
- Wechsler Intelligence Scale for Children – Fourth Edition (WISC-IV, Petermann/Petermann 2011)

Zur Diagnostik von Hochbegabung ist laut Gauck und Reimann (2015) der Einsatz zweier Intelligenztests sinnvoll, wobei mindestens einer ein mehrdimensionales Verfahren zur Abdeckung verschiedener Begabungsbereiche sein sollte.

Natürlich müssen Intelligenztests den üblichen Gütekriterien für Testverfahren entsprechen, sodass sie z. B. (unabhängig von der Person, die den Test durchführt) objektive Ergebnisse liefern, die erlangten Ergebnisse zuverlässig sind (also möglichst reliabel und ohne Messfehler) und dass sie tatsächlich das Konstrukt messen, das sie zu messen vorgeben und insofern gültig (also valide) sind. Um die Ergebnisse des getesteten Kindes mit denen der jeweiligen Altersgruppe vergleichen zu können, ist es wichtig, dass für den Test geeignete Normen vorliegen. Diese sollten möglichst aktuell sein und auf einer ausreichend großen Stichprobe basieren (Preckel/Baudson 2013). Da sowohl divergentes als auch konvergentes Denken für das Erbringen hoher Leistung wichtig sind, ist es zudem sinnvoll, zu testen, ob das Kind vielfältige Lösungsmöglichkeiten für ein Problem finden (sogenanntes „divergentes Denken") und ob es problemrelevante Schlussfolgerungen ziehen kann (sogenanntes „konvergentes Denken") (Preckel/Baudson 2013).

TestleiterInnen

Studien (z. B. von Siegle/Powell 2004) zeigen, dass Lehrkräfte knapp die Hälfte aller Hochbegabten erkennen, dass es aber auch zu vielen Fehleinschätzungen kommt. Ihr Urteil kann also nur einen ersten Hinweis geben. Tests zur Feststellung einer Hochbegabung können von niedergelassenen PsychologInnen, dem Schulpsychologischen Dienst oder evtl. auch von Erziehungsberatungsstellen durchgeführt werden. Eine gute Testleitung beobachtet während der Testdurchführung das Kind auch bezüglich seiner Arbeitshaltung, Motivation, Anstrengungsbereitschaft, Leistungsängstlichkeit, Feinmotorik, Selbstvertrauen, Sprachverhalten usw. Sinnvoll können je nach

Fragestellung und bereits vorliegenden anamnestischen Daten zusätzliche Tests u. a. zur Rechen-, Lese- und Rechtschreibleistung, zur motorischen Koordinationsfähigkeit und zum Aufmerksamkeits- und Konzentrationsverhalten sein (Stapf 2003).

Bei der Interpretation von Testergebnissen muss immer bedacht werden, dass diese nur eine Momentaufnahme bieten und Testsituationen störanfällig sind. So kann es passieren, dass auch Kinder mit Hochbegabung ihre Mitarbeit bei der Bearbeitung von Testaufgaben verweigern (z. B. aufgrund von Unterforderung, Kap. 1.2.1.1). Es kann auch vorkommen, dass ein Kind alles korrekt machen möchte und deshalb keine Antwort gibt, wenn es nicht vollends von der Richtigkeit überzeugt ist. Auch das Vorhandensein von Aufmerksamkeitsstörungen, Problemen in der Feinmotorik oder Sprachprobleme (z. B. durch nichtdeutsche Muttersprache) können das Ergebnis beeinflussen. Das gilt ebenso für die Motivation des Kindes am Testtag. Aussagekräftig können Testergebnisse auch nur sein, wenn das Kind bereit ist, mit der Testleitung alleine zu sein und es sich für wenigstens eine halbe Stunde konzentrieren kann, wovon in der Regel erst ab einem Alter von ca. vier bis fünf Jahren auszugehen ist (Mähler/Hofmann 2005).

Zu einer umfassenden Diagnostik bei Hochbegabung gehört neben der Durchführung des Tests sowie der Auswertung, Interpretation und Beurteilung der Ergebnisse auch eine darauf aufbauende Beratung. Dabei geht es vor allem um die Passung der Förderung zu den individuellen Profilen der Kinder. Wird die Testleitung von den Eltern schriftlich von der Schweigepflicht entbunden, darf auch eine Beratung der Lehrkräfte stattfinden. Dies kann für die weitere Schullaufbahn des Kindes hilfreich sein. Im Rahmen einer solchen Beratung können auch aufgetretene Probleme erklärbar gemacht und in Zukunft von der Lehrkraft entsprechend pädagogisch berücksichtig werden, indem sie ggf. entsprechende Maßnahmen in den Schulalltag einbindet (Kap. 1.5 und 1.7).

Zum Abschluss sollen noch einige Hinweise zu Verhaltensauffälligkeiten gegeben werden, die im Schulalltag Ähnlichkeiten mit Verhaltsweisen hochbegabter SchülerInnen aufweisen können. Eine Differenzialdiagnostik kann zur Klärung beitragen:

- AD(H)S (Aufmerksamkeitsstörung mit oder ohne Hyperaktivität): Unaufmerksamkeit, Ruhelosigkeit, Impulsivität, Ungehorsam, soziale Schwierigkeiten
- Störung auf dem Autismusspektrum, z. B. Asperger: wenig Sozialkontakte mit Gleichaltrigen, wenig Empathie, ausgezeichnetes Gedächtnis für Ereignisse und Fakten, flüssige „frühreife“ Sprache, ununterbrochenes

Reden oder Fragenstellen, Reizüberempfindlichkeit, Beschäftigung mit Fragen zur Gerechtigkeit
- oppositionelles Trotzverhalten: aggressives, aufsässiges Verhalten
- Zwangsstörungen: wiederkehrende Handlungen, Gedanken, Ideen oder Impulse, die die Person immer wieder stereotyp beschäftigen

Nicht vergessen werden sollte, dass auch hochbegabte Kinder gleichzeitig eine Verhaltensauffälligkeit oder Verhaltensstörung aufweisen können.

! Bei einem Verdacht auf Hochbegabung sollten Lehrkräfte die Eltern entsprechend beraten, ihnen AnsprechpartnerInnen (z.B. SchulpsychologInnen) nennen und Hinweise dazu geben, was eine gute Diagnostik bei Verdacht auf Hochbegabung ausmacht. Lehrkräfte führen die Diagnostik nicht selbst durch.

1.4 Kompetenzen und Entwicklungsbedarfe von Kindern mit Hochbegabung

In diesem Kapitel werden zunächst verschiedene Begabungsmodelle mit Faktoren vorgestellt, die Einfluss darauf haben können, dass aus einer hohen Begabung auch eine hohe Leistung resultiert. Danach stehen einzelne Aspekte der Hochbegabung und daraus abgeleitete Entwicklungsbedarfe der Kinder im Fokus.

Drei-Ringe-Modell

Im Drei-Ringe-Modell von Renzulli (1978) folgt hochbegabtes Verhalten aus dem optimalen Zusammenwirken von überdurchschnittlichen intellektuellen Fähigkeiten, Kreativität und Arbeitshaltung/Motivation, wobei davon ausgegangen wird, dass sich letztere durch entsprechende Angebote der Lehrpersonen fördern lassen.

Bedingungsgefüge außergewöhnlicher Leistungen

Das Modell von Mönks und Ypenburg (Mönks/Ypenburg 2012) stellt eine Weiterentwicklung dar. Sie legen das Augenmerk zusätzlich auf die personale Umwelt des Kindes (Abb. 3).

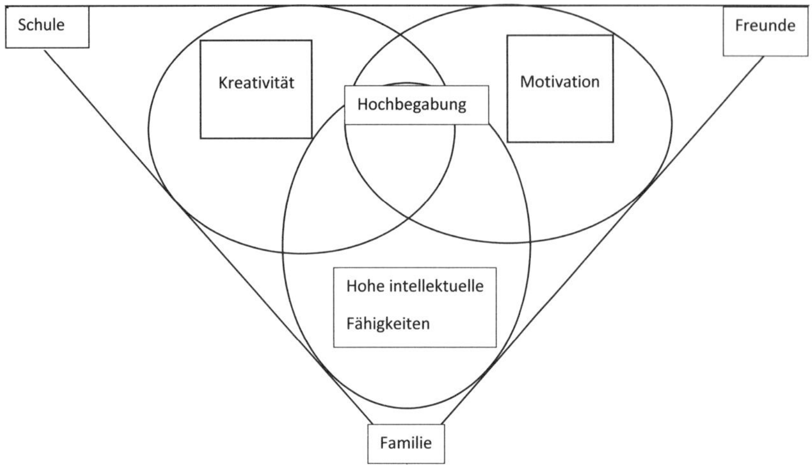

Abb. 3: Begabungsmodell von Mönks/Ypenburg (2012, 29)

Bei Stapf (2003) findet sich eine Differenzierung in Dispositionen, die in der Person liegen, vermittelnden Bedingungen, die die Ecken des Dreiecks (Abb. 4) einschließen und dem Resultat, das sich in Form von Verhalten und Leistung zeigt.

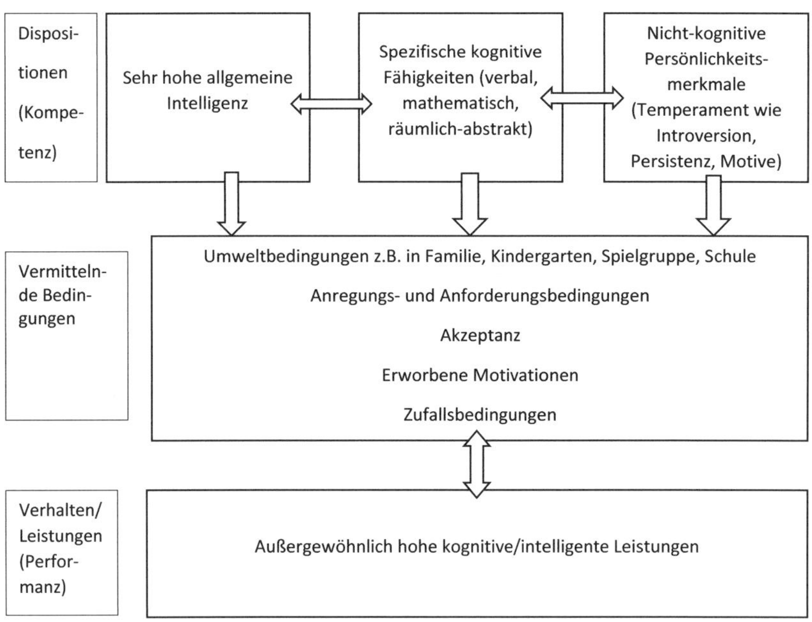

Abb. 4: Allgemeines Bedingungsgefüge für außergewöhnliche Leistungen (Stapf 2003, 26)

Anders an diesem Modell ist, dass die Umweltbedingungen nicht nur einen großen Einfluss auf die erbrachten Leistungen haben, sondern dass hohe kognitive Leistungen umgekehrt auch auf die Umweltbedingungen einwirken. Welch große Bedeutung intrapersonale Faktoren auf der einen und Umweltfaktoren auf der anderen Seite haben, zeigt das differenzierte Begabungs- und Talentmodell von Gagné (2004). Es verdeutlicht, dass die angeborene Begabung alleine nicht ausreicht, um exzellente Leistung zu zeigen, sondern dass Lernen, Training und Übung hinzukommen müssen (Abb. 5).

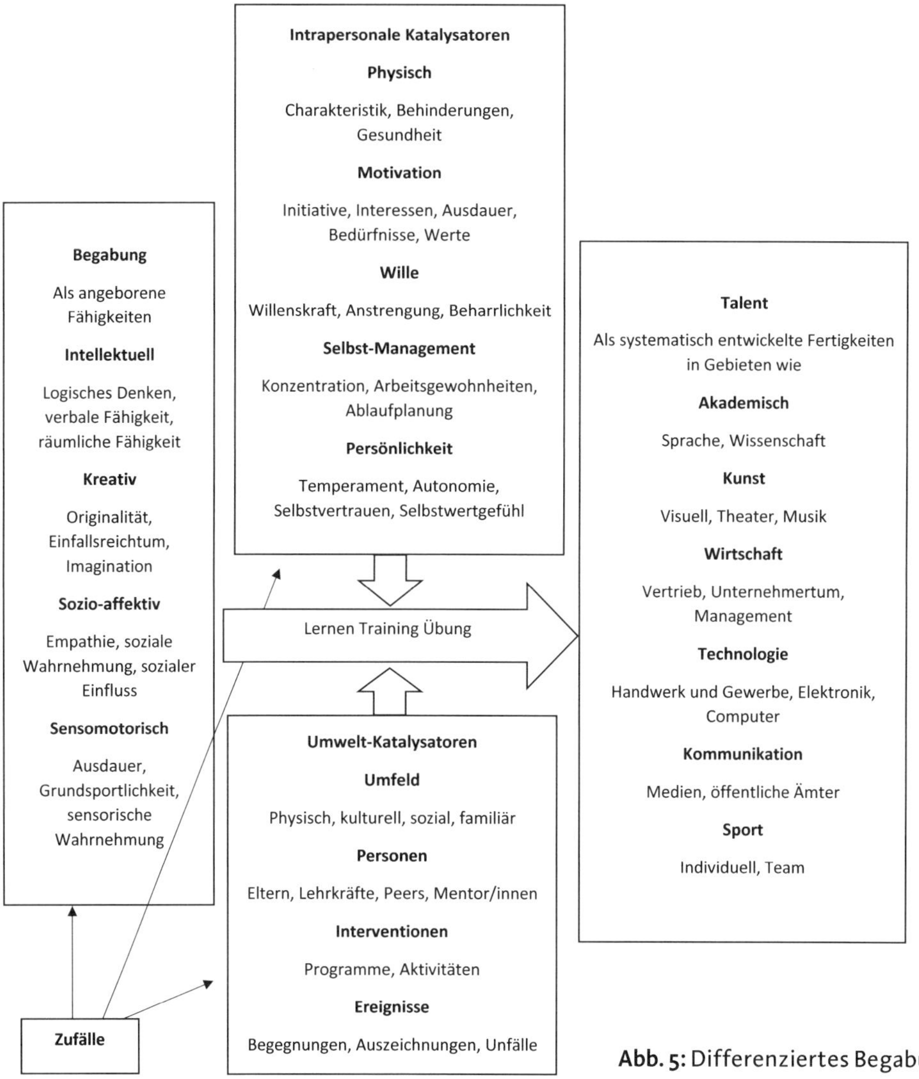

Abb. 5: Differenziertes Begabungs- und Talentmodell von Gagné (2004, 121)

kein Automatismus von hoher Begabung zu hoher Leistung

Der Faktor „Lehrkraft" findet sich hier bei den Umweltkatalysatoren (Personen und Interventionen) wieder, denn Lehrkräfte haben einen großen Einfluss darauf, wie Lernen, Training und strukturierte Übung angeleitet und eingefordert werden. Wichtig zu wissen ist, dass es keinen Automatismus von hoher Begabung hin zu hoher Leistung gibt.

Auch Zufälle, wie z. B. traumatische Ereignisse oder besondere (fördernde oder hindernde) Personenkonstellationen können einen großen Einfluss haben.

Erfolg

Für einen messbaren Erfolg in der Schule benötigen alle SchülerInnen Fleiß, Tüchtigkeit, Selbstkontrolle, Selbststeuerung, Anstrengungsbereitschaft, Ausdauer und eine fokussierende Aufmerksamkeit (Stapf 2003). Lehrpersonen sollten diese Aspekte unterstützen und dazu beitragen, dass in der Klasse Anstrengung und Leistung auf individuellem Niveau wertgeschätzt und gefördert werden. Hiervon profitieren alle SchülerInnen. Allerdings wirkt bei Kindern mit Hochbegabung zusätzlich der „Matthäus-Effekt": Diese SchülerInnen machen schnellere und größere Fortschritte beim Lernen als andere, weil sie bereits über ein umfangreiches und gut strukturiertes Wissen verfügen, in das neue Informationen eingebunden und verankert werden können. Sind die Kinder zusätzlich erfolgszuversichtlich, können selbstständig an sie interessierenden Aufgaben arbeiten und werden in ihrer Besonderheit von Kindern und Erwachsenen akzeptiert, so ist die Grundlage für eine hohe sichtbare Leistung gelegt. Die Bewältigung von Aufgaben darf Kindern (auch mit Hochbegabung) allerdings nicht zu leicht gemacht werden, weil sie diese dann nicht als echten Erfolg wahrnehmen (Weinschenk 1981). So freut sich z. B. Rafael (Kap. 1.2.1.3) nicht darüber, wenn er von seiner Lehrerin für das flüssige Vorlesen einer Aufgabe gelobt wird, da diese Leistung ihm keine Anstrengung abverlangt.

TIPP

Sorgen Sie als Lehrkraft durch differenzierende, mehr oder weniger komplexe Aufgaben dafür, dass ihre SchülerInnen auf ihrem jeweiligen Niveau Erfolge erzielen können und dass diese wertgeschätzt werden. Komplexe Probleme bieten für Kinder mit Hochbegabung angemessene Herausforderungen und kommen ihrer Denkweise entgegen.

sprachliches Niveau

Kinder mit Hochbegabung haben oft einen großen aktiven Wortschatz und ein hohes sprachliches Niveau. Sie reden gerne über Themen, die sie interessieren und suchen Erklärungen für Themen, die sie beschäftigen. Dies kann zu Schwierigkeiten im Gespräch mit Peers führen und dazu, dass diese den Kontakt vermeiden (Stapf 2003). Das wiederum verstehen die Kinder mit Hochbegabung oftmals nicht.

!

Lehrpersonen können helfen, indem sie das Kind mit Hochbegabung anleiten, einen Perspektivwechsel vorzunehmen und sich in die anderen Kinder hineinzuversetzen, um so auf einer angemessenen Ebene mit ihnen sprechen zu können und verstanden zu werden. Gelingt dies, können sie im positiven Sinn eine Führungsposition innerhalb der Klasse einnehmen.

Konflikte

Das oftmals hohe sprachliche Niveau von Kindern mit Hochbegabung kann bei auftretenden Konflikten einen positiven Effekt haben, da ihnen mehr Möglichkeiten zur Verfügung stehen, Konflikte gewaltfrei zu beenden. Das heißt aber nicht, dass auch real jeder Konflikt friedlich gelöst wird, da der Umgang damit sehr vom Temperament der jeweiligen Konfliktparteien abhängt. So gibt es durchaus auch streitfreudige Kinder mit Hochbegabung, die in Konflikten körperlich ausagieren.

Gedächtnis

Kinder mit Hochbegabung können ihr Arbeitsgedächtnis sowie gelernte Strategien effektiver nutzen und abstrakte Relationen schneller als andere erkennen. Das hilft ihnen, neue Informationen aus der Umwelt rasch aufzunehmen und zu verarbeiten oder Informationen aus dem Langzeitgedächtnis abzurufen (Blut 2020). Das bedeutet aber nicht, dass das Lernen bei ihnen automatisch abläuft. Auch Kinder mit einer Hochbegabung müssen das Lernen lernen und brauchen entsprechende Anreize und Hinweise. Möglicherweise haben sie z. B. schnell verstanden, dass die Multiplikation eine verkürzte Form der Addition ist, müssen aber trotzdem das Einmaleins auswendig lernen, um es jederzeit automatisiert und fehlerfrei abrufen zu können.

TIPP

Bieten Sie Kindern unterschiedliche Strategien an, mit denen sie Fakten, Vokabeln usw. auswendig lernen können. Helfen Sie bei Bedarf bei der Auswahl der jeweils passenden Strategie, sodass das Angebot allen SchülerInnen zugute kommen kann, unabhängig davon, wie hoch ihre Begabung ist.

Denken

Viele Kinder mit Hochbegabung haben Freude daran, über komplexe Probleme nachzudenken und nach geeigneten Lösungen zu suchen. Dabei hilft ihnen, dass sie einzelne Elemente schnell zu übergeordneten Einheiten zusammenfassen und dass sie neue Informationen gut und schnell in ein bereits vorhandenes Wissensnetz integrieren können. Das schnelle und vernetzende Denken kann allerdings gerade bei GrundschülerInnen dazu führen, dass sie z. B. beim Schreiben von Aufsätzen gedanklich weiter sind als ihre Schreibfähigkeiten es erlauben, worunter häufig die Handschrift leidet (vom Scheidt 2004). Oft fehlen in dargestellten Abläufen auch Zwischenschritte, die die

SchülerInnen als bekannt voraussetzen. Hier sollte die Lehrperson bei Bedarf entsprechend steuernd eingreifen.

Metakognition SchülerInnen mit Hochbegabung sind häufig gut darin, eine Aufgabe aufzugliedern und unter Einsatz ihres Wissens zu lösen. Nicht selten laufen diese Prozesse unbewusst ab und die SchülerInnen „sehen" die Lösung, wie das Fallbeispiel Johanna (Kap. 1.2.1.2) zeigt. Zur Steigerung der metakognitiven Kompetenz ist es sinnvoll, diese Prozesse in ihr Bewusstsein zu heben und zu trainieren, wie Wissen ökonomisch und effektiv angeeignet werden kann, wie Aufgaben eingeschätzt und aufgegliedert werden können, wie eigenes relevantes Wissen beurteilt und eingesetzt werden kann, welche Strategien Verwendung finden und wie Erkenntnisfortschritte bewertet und eingeordnet werden können (Geuß 1981). Von der Förderung metakognitiver Kompetenzen profitieren nicht nur Kinder mit Hochbegabung, sondern auch alle anderen.

! **SchülerInnen mit Hochbegabung profitieren von variierenden lernfördernden Umwelten, die den Erwerb komplexer Denkstrategien ermöglichen (Rüppell 1981). Entsprechende Praxisbeispiele sind in diesem Buch enthalten.**

Motivation Genauso wie alle anderen Kinder, brauchen auch solche mit Hochbegabung angemessene individuelle Leistungsanforderungen (weder zu hoch noch zu niedrig), um sich optimal entwickeln zu können. Bei zu niedrigen Anforderungen lässt die Motivation nach, die Kinder beginnen zu stören oder zeigen psychosomatische Beschwerden. Dies konnte man z. B. im Fallbeispiel Mathilda (Kap.1.2.1.1) beobachten: Die Anforderungen, die bei den Hausaufgaben an sie gestellt wurden, waren für Mathilda deutlich zu niedrig, weshalb sie keinerlei Motivation hatte, diese zu erledigen. Die Motivation lässt auch nach, wenn eine erfolgreiche Lösung unmöglich erscheint, nicht wertgeschätzt wird oder wenn die Kinder am Thema nicht interessiert sind. Dieses Phänomen lässt sich allerdings nicht nur bei SchülerInnen mit Hochbegabung beobachten.

Gerade in der Grundschule kommt dem Bereich der Lern- und Leistungsmotivation eine wichtige Aufgabe zu, denn wenn hier keine Anforderungen an Selbstdisziplin und Verhaltenssteuerung gestellt werden, kann sich das negativ auf das spätere Anstrengungsverhalten und die Motivation auswirken (Stapf 2003).

Eine positive Entwicklung nehmen Kinder dann, wenn positiv auf ihre Neugier und ihren Wissensdurst reagiert wird und sie erleben, dass ihre Anstrengung und der Einsatz ihrer Fähigkeiten zum Erfolg führen (Preckel/Baudson 2013).

!

Bei Kindern aus sozial benachteiligten oder bildungsfernen Familien wird die Leistungsmotivation in der Schule von den Eltern (und folglich auch von den Kindern) häufig als nicht so wichtig angesehen (Feger 1981). Hier ist es Aufgabe der Lehrperson, die Eltern zu beraten, sie für die besonderen Fähigkeiten und Bedürfnisse ihrer Kinder zu sensibilisieren und mögliche AnsprechpartnerInnen zu nennen.

Auch UnderachieverInnen brauchen die Aufmerksamkeit ihrer Lehrkräfte und jemanden, der ihnen hilft, die verlorene Motivation wieder aufzubauen. Motivierend wirken z. B. Aufgaben, die für das jeweilige Kind spannend sind, Neugier erzeugen, zum Entdecken einladen und bei denen die SchülerInnen mit Hochbegabung genügend Gelegenheiten erhalten, selbstständig und selbstbestimmt zu arbeiten.

TIPP

Wählen Sie Aufgaben so aus, dass die Kinder sich jeweils anstrengen müssen, der Erfolg aber möglich ist. Das zeigt ihnen, dass es sinnvoll und erfolgversprechend ist, sich anzustrengen und gibt ihnen die Sicherheit, dass sie sich auf ihre Fähigkeiten und Begabungen verlassen können.

Interessen

Kinder mit Hochbegabung haben oft ein stark ausgeprägtes theoretisches und forschendes Interesse (Stapf 2003). Dadurch können sie für den Unterricht eine große Bereicherung sein, wenn es der Lehrperson gelingt, diese Interessen in ihren Unterricht zu integrieren.

Selbstkonzept

Im Vergleich zu SchülerInnen ohne Hochbegabung zeigen besonders begabte Kinder kein höheres Selbstwertgefühl; lediglich im Leistungsbereich ist ihr Selbstkonzept etwas höher (Preckel et al. 2008).

Wie wichtig ein angemessenes Selbstkonzept ist, zeigt sich, wenn die Entwicklung nicht optimal verläuft. Haben Kinder mit Hochbegabung z. B. zeitgleich eine Teilleistungsschwäche (z. B. Lese-Rechtschreib-Schwäche), so kann das ihr schulisches Selbstwertgefühl mindern und zu Schulunlust führen. Ähnliches kann passieren, wenn diese Kinder keine oder kaum die Gelegenheit haben, Aufgaben zu lösen, die sie wirklich fordern. Dann entwickelt sich kein stabiles angemessenes Selbstwertgefühl. Problematisch ist auch, wenn Kinder das Gefühl haben, ihnen müsse alles zufliegen und sie hätten es aufgrund ihrer Hochbegabung nicht nötig, zu arbeiten und zu lernen.

! Schülerlnnen brauchen eine Lehrperson, die sie darin unterstützt, sich selbst zu akzeptieren, auch wenn sie in einigen Bereichen anders sind als die anderen. Wenn Lehrpersonen vermitteln können, dass Anderssein normal ist, hilft es Kindern, ein stabiles und realistisches Selbstwertgefühl aufbauen.

Selbstkritik und Perfektion Viele Kinder mit Hochbegabung wollen alles richtig machen (oft ohne Anstrengung, ohne Übung und Training) und reagieren bei Fehlern wütend oder zeigen keine Leistung, wenn sie an der Richtigkeit des Ergebnisses auch nur den geringsten Zweifel haben.

TIPP: Vermitteln Sie der Klasse, dass es in Ordnung ist, Fehler zu machen. Unterstützen Sie die Kinder darin, sich jeweils realistische Ziele zu setzen und Misserfolge als Chance zu sehen, Ziele anzupassen oder ihr Lernverhalten zu ändern.

selbstständiges Lernen Vor allem in den ersten Schuljahren fällt Kindern mit Hochbegabung vieles zu, ohne dass sie dafür lernen oder üben müssen. Für ihre spätere Schullaufbahn benötigen sie aber effektive Lerntechniken und Strategien, z.B. für das Einprägen und Abrufen von Fakten und zur Selbstorganisation ihres Lernens.

TIPP: Hilfreich kann das Führen eines Lerntagebuchs (Onlinematerial) sein, in dem die Schülerlnnen ihr Lern- und Arbeitsverhalten beobachten und protokollieren und mit Hilfe der Lehrkraft optimieren.

Sozialverhalten Grundsätzlich kann davon ausgegangen werden, dass Schülerlnnen mit Hochbegabung über gute soziale Kompetenzen verfügen, da Sozialkompetenz mit Intelligenz korreliert (Stapf 2003). Es kann aber, je nach Klassenzusammensetzung, dazu kommen, dass sie wegen ihrer herausragenden Leistungen und ihrem Anderssein von ihren Peers ausgegrenzt werden. Hier ist es an der Lehrperson, (am besten bereits präventiv) ein Klassenklima zu schaffen, in dem die Eigenheiten eines jeden Kindes wertgeschätzt werden und Unterschiede normal sind.

Kinder mit Hochbegabung finden evtl. in ihrer eigenen Lerngruppe keine Freundlnnen, die auf einem ähnlich hohen intellektuellen Niveau sind. Lehrkräfte können helfen, indem sie den Kontakt zu älteren Schülerlnnen ermöglichen und die Eltern zu außerschulischen Angeboten für Kinder mit Hochbegabung (wie z. B. einer Kinderakademie) beraten.

Oft verfügen Kinder mit Hochbegabung über einen ausgeprägten Gerechtigkeitssinn, mischen sich in Konflikte ein und nehmen Partei für den Schwächeren.

TIPP

Vermitteln Sie im Unterricht Bewältigungsstrategien für sozial schwierige Situationen, sodass Sie mögliche Wutanfälle wegen empfundenden Unrechts und Traurigkeit durch Zurückweisung abmildern oder vermeiden können.

Kinder mit Hochbegabung haben den gleichen Wunsch nach Anerkennung und Akzeptanz wie alle anderen auch. Sie leben aber oft im ständigen Konflikt, einerseits schulisch erfolgreich zu sein (bzw. sein zu können) und andererseits nicht als StreberIn gelten zu wollen. Lehrpersonen sollten ihr eigenes Verhalten im Umgang mit den SchülerInnen kritisch betrachten und Kinder mit Hochbegabung weder bevorzugen noch ständig als leuchtendes Beispiel darstellen.

Peers

Bei der gewünschten und notwendigen Anerkennung durch Peers müssen diese nicht zwingend gleich alt sein. Es kann sich auch um Personen handeln, die einen ähnlichen Entwicklungsstand haben und über ähnliche Interaktionsmuster verfügen (z. B. in Kursen, die auf die Interessen dieser Kinder ausgerichtet sind). Im Klassenverband ist es für Kinder mit Hochbegabung nicht immer einfach, Anschluss zu finden. Das kann gerade bei introvertierten SchülerInnen zu sozialer Isolation führen.

Verstecken der Begabung

Da anerkannt und akzeptiert zu werden einen sehr hohen persönlichen Stellenwert hat, gibt es nicht selten Kinder mit Hochbegabung, die ihre Fähigkeiten verstecken, um nicht als StreberIn oder AngeberIn zu gelten. So kann es dazu kommen, dass sie bewusst schlechtere Noten in Kauf nehmen, indem sie unnötige Fehler in Klassenarbeiten einbauen oder mit Absicht falsche Antworten geben. Mit diesem Verhalten hoffen sie, nicht aufzufallen und Teil der Gruppe zu werden. Hier ist viel Fingerspitzengefühl von Seiten der Lehrperson gefordert, damit alle Kinder ihr Talent voll entfalten können und trotzdem akzeptierter Teil der Klassengemeinschaft sind.

TIPP

Schaffen Sie eine Atmosphäre der Wertschätzung von Anstrengung und Leistung auf dem jeweiligen individuellen Leistungsniveau.

Dabei sollte die Anstrengung und die daraus resultierende Leistung eines Kindes mit Lernbeeinträchtigung genau so viel wert sein wie eine vergleichbare Anstrengung eines Kindes mit Hochbegabung, auch wenn sich die Arbeitsergebnisse qualitativ auf unterschiedlichen Niveaus befinden.

Hausaufgaben

Hausaufgaben sind, wie im Fallbeispiel Mathilda (Kap. 1.2.1.1), oft ein schwieriges Kapitel, vor allem dann, wenn die gesamte Klasse die gleichen Aufgaben bekommt. Sich wiederholende Übungsaufgaben werden von Kindern mit Hochbegabung häufig abgelehnt und nur unter Protest oder gar nicht gemacht. Sie brauchen Aufgaben, die Denkanstrengungen verlangen und sie fordern. Den Kindern die Hausaufgaben zu erlassen, ist kein günstiger Weg, da auch Kinder mit einer besonderen Begabung lernen müssen, zu arbeiten und sich anzustrengen.

Persönlichkeitsmerkmale

Neuere Ergebnisse der Hochbegabtenforschung zeigen, dass weder Introversion (das „vergeistigte Genie") noch Extraversion (der „verrückte Professor, der zu allem etwas zu sagen hat") systematisch mit Hochbegabung zusammenhängen. Auch sind Kinder mit Hochbegabung nicht gewissenhafter als andere (Preckel/Baudson 2013).

Sensibilität

Was sich aber feststellen lässt, ist oft eine übergroße Sensibilität z. B. in Bezug auf zwischenmenschliche Befindlichkeiten oder auch Lärm (Mähler/Hofmann 2005). Um dem zu begegnen, können Lehrpersonen z. B. kurze Befindlichkeitsrunden in den Schulalltag integrieren oder auch Ruheinseln schaffen, auf die sich die Kinder zurückziehen können, die das Bedürfnis dazu haben.

Befindlichkeitsrunde

In einer blitzlichtartigen Runde sagt jedes Kind, wie es ihm geht, ob etwas geklärt werden muss und was es gerade braucht, um gut lernen zu können.

Erfahrungen aus der Praxis zeigen, dass Kinder, die regelmäßig an solchen Befindlichkeitsrunden teilgenommen haben, übereinstimmend berichten, wie wohltuend sie diese empfanden und wie sehr sie sich ernst genommen fühlten.

Grenzen

Kinder mit Hochbegabung sind oft anstrengend für ihr Umfeld, weil sie Grenzen nicht akzeptieren wollen, sondern diese immer wieder hinterfragen. Landau (1999) geht davon aus, dass diese Kinder Potenziale in sich tragen, die darauf ausgelegt sind, Neues zu entdecken und über das, was Konvention bedeutet, hinauszugehen.

Das Überschreiten von Grenzen stellt oft eine große Herausforderung für Lehrpersonen dar, da sie hierdurch ihre Autorität ggf. hinterfragt fühlen.

TIPP

Nutzen Sie die kritischen Fragen der Kinder mit Hochbegabung als Chance, über den Sinn bestehender Regeln nachzudenken und sie ggf. zu verändern.

Erziehungsverhalten

Wie alle anderen Kinder brauchen auch solche mit Hochbegabung Erziehung. Auch sie müssen lernen, ihre Bedürfnisse im Kontext der Klasse zu sehen und sich so zu verhalten, dass alle zu ihrem Recht kommen. Bewährt hat sich dabei ein Erziehungsverhalten, das kindliche Rechte akzeptiert und achtet, angemessene Anforderungen an die Kinder stellt und Leistungen auch kontrolliert (Stapf 2003). Damit Erziehung gelingen kann, sollte Lehrkräften an einem gutem Austausch mit den Eltern liegen.

!

Nicht jede Eigenschaft des Kindes, egal ob positiv oder negativ, lässt sich auf die Hochbegabung zurückführen.

psychische Störungen

Grundsätzlich haben Kinder mit Hochbegabung keine höhere Prävalenz für psychische Störungen (Preckel/Baudson 2013). Es kann aber sein, dass manche auf Unterforderung mit psychosomatischen Störungen (z. B. Bauch- oder Kopfweh) reagieren. Andere zeigen depressive Verstimmungen, autoaggressives oder auch störendes Verhalten im Unterricht. Je größer der Unterschied zwischen einem Kind mit Hochbegabung und den Peers ist und je größer die Diskrepanz zwischen kognitiver und sozial-emotionaler oder motorischer Entwicklung, desto eher kommt es zu Problemen.

umfassende Förderung

TIPP

Achten Sie darauf, dass sie auch Kinder mit Hochbegabung in ihrer Gesamtheit sehen und sie umfassend fördern (d. h. nicht nur die kognitiven Fähigkeiten, sondern auch Fantasie und Motorik sowie die Eigenverantwortung). Wichtig sind auch ausgleichende Tätigkeiten wie z. B. Entspannungsübungen, Sport, Musik.

Hochbegabung als Ressource

Hochbegabung kann bei auftretenden Problemen auch als Ressource gesehen werden, denn oft gelingt es den Kindern, Defizite in einem Bereich mit Hilfe einer anderen Begabung zumindest vorübergehend zu kompensieren. So kann ein Kind mit Hochbegabung oft seine Lese-Rechtschreib-Schwäche z. T.

mit Hilfe seines guten Gedächtnisses kompensieren. Dies geht allerdings nur, solange die Anforderungen nicht zu hoch werden (Preckel/Baudson 2013).

angeboren oder exzellent gefördert?

In welchem Ausmaß Hochbegabung angeboren oder durch exzellente Förderung und ein günstiges Umfeld bedingt ist, lässt sich nicht genau beziffern. Sicher ist aber, dass ein hohes Maß an Intelligenz nicht zwingend zu hohen Leistungen führt. Letztere werden lediglich wahrscheinlicher. Es müssen aber noch Erfahrung und Übung bzw. systematisches Training hinzukommen. Ohne eine entsprechende Förderung verkümmern die besten Anlagen.

TIPP

Schaffen Sie ein Umfeld, in dem Leistung wertgeschätzt wird und lassen Sie die Kinder die Bedeutung von Einsatzbereitschaft, Beharrlichkeit und Anstrengung für den Erfolg erfahren (z.B. indem Sie Kindern Lernangebote machen, die ihrem Niveau angemessen und mit Anstrengung erfolgreich zu bewältigen sind).

Folgen nicht erfolgter Förderung

Werden Kinder nicht ihren Fähigkeiten entsprechend gefördert, stagniert unter Umständen ihre Entwicklung und es kommt zu Störungen (des Unterrichts und/oder der psychischen Entwicklung). Wenn Hochbegabung erst spät festgestellt wird, kann es sein, dass die Kinder ihre in der Schule gemachten Erfahrungen falsch bewerten und sie sich anders als die anderen fühlen, sich aber möglicherweise nicht erklären können, woran das liegt. Diese Kinder brauchen Lehrkräfte, die ihnen vermitteln, dass sie bei aller Verschiedenheit „normal" sind und die ihnen dabei helfen, ein gesundes Selbstwertgefühl aufzubauen.

Zusammenfassend lässt sich festhalten, dass die Gruppe der Kinder mit Hochbegabung in sich sehr heterogen ist, weshalb es nicht den einen, für alle passenden Förderansatz gibt. Wichtig ist eine gute Passung zwischen den Potenzialen und Bedürfnissen auf der einen und den Anforderungen und Angeboten auf der anderen Seite.

TIPP

Beobachten Sie die SchülerInnen mit Hochbegabung genau. Worin bestehen aktuell ihre Bedürfnisse und der Schritt zur Zone der nächsten Entwicklung? (Wygotsky 1987) Nehmen Sie auf diesem Weg die Eltern mit und tauschen Sie sich regelmäßig aus, um eine optimale Förderung zu erreichen.

1.5 Möglichkeiten des Umgangs mit Hochbegabung

Dieses Kapitel gibt einen knappen Überblick über verschiedene Möglichkeiten, wie Lehrpersonen und Eltern ein Kind mit Hochbegabung unterstützen können. Da die betreffenden Kinder sehr unterschiedlich sind, ist es wichtig, die Förderung individuell so anzupassen, dass bei dem jeweiligen Kind die Freude am Wissenserwerb, an der intellektuellen Herausforderung, am kritischen Denken und Lösen von Problemen geweckt bzw. aufrechterhalten wird und es darin unterstützt wird, sich eigene Ziele zu setzen und diese zu verfolgen. Grundsätzlich kann dabei zwischen akzelerierenden Maßnahmen und Enrichment unterschieden werden, wobei auch beide Formen kombiniert werden können (Abb. 6).

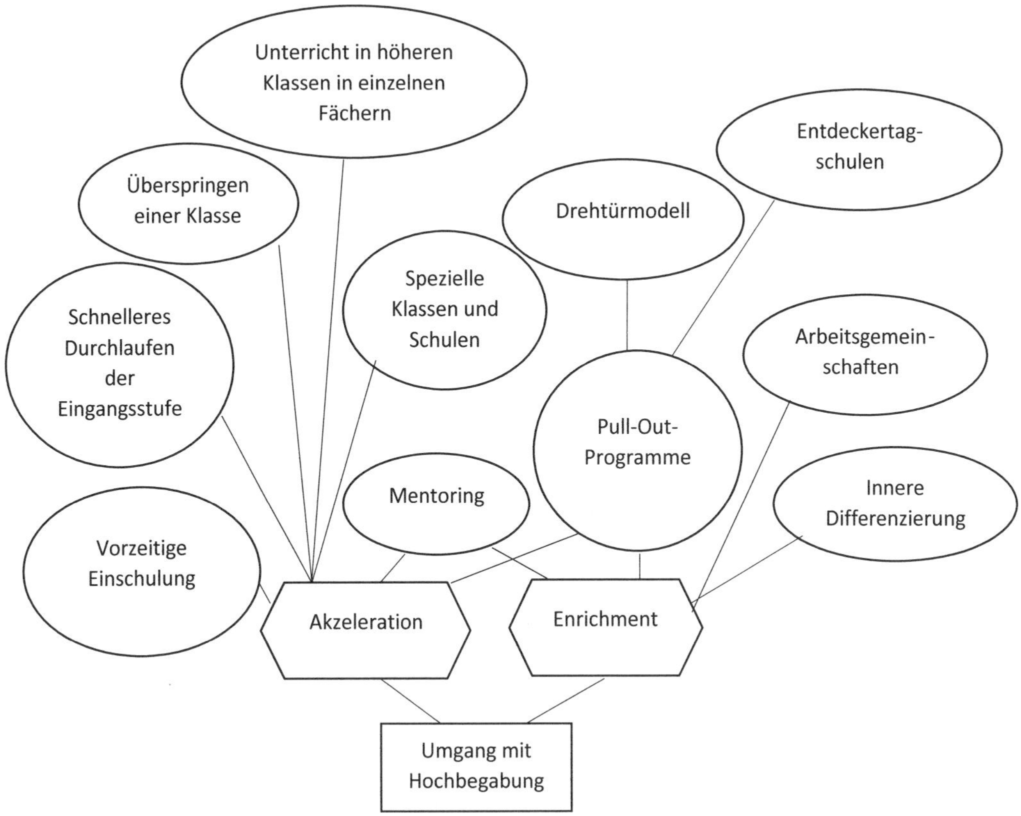

Abb. 6: Umgang mit Hochbegabung

1.5.1 Akzelerierende Maßnahmen

Akzeleration

Bei den akzelerierenden Maßnahmen erhält das Kind mit Hochbegabung früher als altersüblich Zugang zu anspruchsvolleren Lernstoffen, was meist zur Folge hat, dass die Schule schneller durchlaufen wird als üblich. Diese Maßnahmen sind gut für hochleistende Kinder mit Hochbegabung geeignet, während von Enrichment-Angeboten (Kap. 1.5.2) auch die SchülerInnen mit Hochbegabung profitieren können, die ihr Potenzial (noch) nicht so stark nutzen (Preckel/Baudson 2013).

Einschulung vor dem Stichtag

Oft bekommen sehr begabte, motivierte Kinder in ihrem letzten Kindergartenjahr vor der Einschulung zu wenig Anregungen und finden nur noch schwer Spielkameraden mit einem ähnlichen kognitiven Entwicklungsstand. In diesem Fall sollte an die Möglichkeit einer vorzeitigen Einschulung gedacht werden. Anders als Kinder ohne Hochbegabung kommen diese Kinder in der Schule in der Regel bereits gut zurecht. Außerdem kann die frühe Einschulung den Vorteil haben, dass sie nicht schon bei Schulbeginn gelangweilt sind, weil die an sie gestellten Anforderungen zu niedrig sind. Eine enge Abstimmung zwischen den relevanten Personen in der abgebenden Kita und der aufnehmenden Schule kann hier (mit Einverständnis der Eltern) hilfreich sein. Auch eine probeweise Beschulung ist teilweise möglich. Kinder mit Hochbegabung, die entgegen ihrer individuellen Bedürfnisse und Wünsche im Kindergarten zurückgehalten wurden, zeigen tendenziell mehr Schulschwierigkeiten und eine negativere Einstellung zur Schule (Akademie für Lehrerfortbildung und Personalführung (ALP) 2015). Die genauen Bedingungen zur vorzeitigen Einschulung in den einzelnen Bundesländern lassen sich z. B. im Fachportal Hochbegabung der Karg-Stiftung oder bei den jeweiligen Schul- und Kultusministerien nachlesen.

! **Manche Kinder mit Hochbegabung wählen in Ermangelung eines adäquaten Gegenübers im Kindergartenalltag die Erzieherin als bevorzugte Ansprechpartnerin aus. Dies sollte ihnen nicht fälschlicherweise als Unreife und Unselbstständigkeit ausgelegt werden (Stapf 2003).**

jahrgangsübergreifende Eingangsklassen

Viele Grundschulen bieten mittlerweile flexible, jahrgangsübergreifende Eingangsklassen an. Sie umfassen die Klassenstufen eins und zwei und werden in bis zu drei Jahren durchlaufen. Kinder mit Hochbegabung können also bereits nach einem Jahr in das dritte Schuljahr wechseln, wenn sie die entsprechenden Erwartungen erfüllen.

Überspringen

Das Überspringen einer Klassenstufe kann sinnvoll sein, wenn ein Kind mit Hochbegabung deutlich unterfordert ist und sich die besondere Begabung nicht nur auf einen eng umgrenzten Bereich beschränkt, sondern umfassend ist. Für ein erfolgreiches Überspringen sollte das Kind selbst den Klassenwechsel anstreben. Außerdem sollten die Eltern das Kind entsprechend unterstützen und sowohl die abgebende als auch die aufnehmende Lehrperson diesem Wechsel positiv gegenüberstehen. Eine enge Zusammenarbeit zwischen Eltern und aufnehmender Lehrkraft ist notwendig, um zu planen, wer wann in welchem Umfang Hilfestellungen zum Aufholen des Unterrichtsstoffs gibt. Eventuell auftretende Probleme lassen sich durch entsprechende Kooperation im Anfangsstadium meist gut identifizieren und bearbeiten. Das Fallbeispiel Johanna (Kap. 1.2.1.2) zeigt, dass Kinder mit Hochbegabung schnell wieder zur Leistungsspitze einer Klasse gehören können. Für eine gelingende soziale Integration eines Kindes, das eine Klasse überspringt, ist es wichtig, dass die aufnehmende Lehrperson die Klasse hierauf im Gespräch vorbereitet. Das Kind mit Hochbegabung sollte dabei keinen „Exotenstatus" erhalten. Das gelingt erfahrungsgemäß am besten, wenn die Lehrperson darauf hinweist, dass Unterschiede zwischen Menschen normal sind und es für manche Kinder, obwohl sie vielleicht jünger sind, besser passt, wenn sie in einer höheren Klassenstufe unterrichtet werden. Kinder mit Hochbegabung finden meist schnell Freunde unter den älteren SchülerInnen, wenn sie in der Lage sind, auf andere zuzugehen und neue Kontakte zu knüpfen.

Der Zeitpunkt für ein mögliches Überspringen einer Klasse ist nicht festgelegt. Häufig werden der Beginn des Schuljahres, des Schulhalbjahres oder die Zeit nach Ferien gewählt, da sich diese Zeitpunkte durch den organisatorischen Einschnitt am ehesten anbieten. In der Praxis wird am häufigsten das zweite Schuljahr übersprungen, wobei dies vor allem im Rahmen einer flexiblen Eingangsstufe vorkommt. Ein eher ungünstiger Zeitpunkt für das Überspringen einer Klasse liegt vor, wenn das Kind damit ins erste Halbjahr der Klasse vier wechselt. Die Entscheidung sollte gut überlegt sein, weil die dann erlangten Noten für den Wechsel in das Gymnasium entscheidend sind und evtl. (noch) nicht das Potenzial des Kindes widerspiegeln. Um eine fundierte Entscheidung treffen zu können, ist es sinnvoll, dass das Kind für einen Zeitraum von zwei bis sechs Wochen probeweise in die höhere Klasse hineinschnuppern kann (Stapf 2003). Die Lehrperson sollte das Kind in dieser Zeit beobachten und bei Bedarf Unterstützung anbieten.

Viele sogenannte „SpringerInnen" berichten, dass sie sich nach dem Klassenwechsel erstmals wieder herausgefordert fühlten, dass sie die Sinnhaftigkeit von Schule neu erfahren haben, dass sie hierdurch selbstbewusster geworden seien und gelernt hätten, sich rasch an neue Situationen anzupassen (z. B. Vock 2018). Wie oben erwähnt, gehören Kinder, die eine Klasse übersprungen haben, oft nach einer kurzen Phase des Aufholens schnell wieder zur Leistungsspitze. Da das Lerntempo dieser Kinder meist grundlegend höher ist, kann unter Umständen auch ein mehrfaches Überspringen sinnvoll sein (Kretschmann et al. 2014).

!

Zusammenfassend kann festgehalten werden, dass das Überspringen eines Schuljahres sinnvoll sein kann, wenn

- **das Kind umfassend hochbegabt ist (nicht nur in einem Bereich),**
- **das Kind emotional und sozial so weit entwickelt ist, dass es leicht Kontakte auch zu älteren SchülerInnen aufbauen und halten kann,**
- **das Kind selbst eine Klasse überspringen möchte,**
- **die Eltern den Wunsch des Kindes unterstützen,**
- **die abgebende und aufnehmende Lehrkraft das Kind unterstützen und**
- **die aufnehmende Klasse den Neuankömmling positiv und ohne Neid willkommen heißen kann.**

Alswede, N., Paukert, M., Piepert, D., Steinheider, P. (2014): Kluge Köpfe entdecken – beflügeln – fördern. Handreichung zum Überspringen. Planung, Begleitung und Evaluation in der Probezeit. Hessisches Kultusministerium, Frankfurt a. M.

Hochbegabtenklassen und spezielle Schulen

Manche Schulen bieten für SchülerInnen mit Hochbegabung spezielle „D-Zug-Klassen“ oder „Profil-Klassen“ an. Hier wird auf längere Übungs- und Wiederholungsphasen verzichtet. Stattdessen arbeiten die Kinder an eigenen Projekten oder bereiten sich auf die Teilnahme an Wettbewerben vor (Kap. 2.2.7). Solche Klassen haben Vor- und Nachteile. Einerseits leisten die Kinder hier kognitiv deutlich mehr als in Regelklassen und bewerten das Zusammensein mit ähnlich Interessierten oder Befähigten oftmals als positiv, auf der anderen Seite kann das Selbstbild der eigenen Fähigkeiten leiden, wenn ein Kind früher unter den leistungsstärksten Lernenden war, in der neuen Klasse aber zum Durchschnitt gehört (Preckel/Baudson 2013).

Neben diesen Spezialklassen gibt es auch Schulen für Kinder mit Hochbegabung. Häufig handelt es sich hierbei um Privatschulen (z. T. in Internatsform), die ein Schulgeld erheben. Inzwischen existieren aber auch zunehmend mehr staatliche Schulen, die sich um die Bedürfnisse von Kindern mit Hochbegabung kümmern. Nähere Informationen hierzu gibt es bei den Schulministerien der einzelnen Bundesländer.

1.5.2 Enrichment

Während sich die bisher vorgestellten Fördermaßnahmen schwerpunktmäßig mit Möglichkeiten der Akzeleration beschäftigen, stehen im Folgenden Ergänzungsangebote im und zum Unterricht im Fokus. Hierbei kann zwischen vertikalem und horizontalem Enrichment unterschieden werden (Abb. 7).

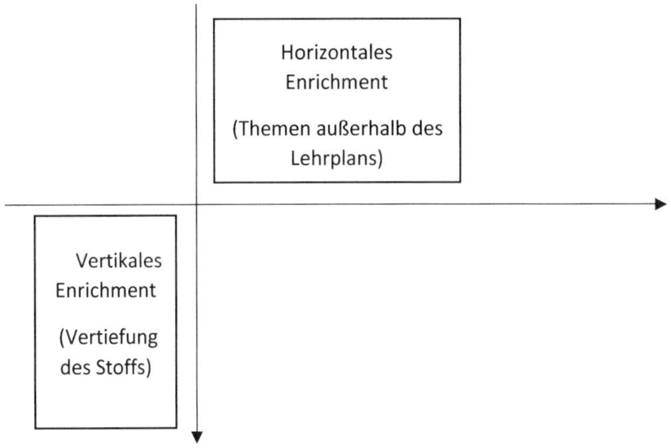

Abb. 7: Vertikales und horizontales Enrichment

Beim vertikalen Enrichment bietet die Lehrperson zusätzlich zum Lehrstoff Aufgaben an, die z. B. Lern- und Denkstrategien vermitteln und eine abstrakte Beschäftigung mit dem Thema ermöglichen. Inhaltlich nicht zielführend sind reine Beschäftigungsangebote zur Überbrückung von Leerlauf. Beim horizontalen Enrichment kann die Lehrperson über den Unterrichtsstoff hinausgehende Angebote machen oder das Kind wählt nach eigenen Interessen aus und arbeitet selbstständig. Wichtig ist, auch Kinder mit Hochbegabung nicht mit Aufgaben allein zu lassen, sondern bei Bedarf entsprechende Unterstützung anzubieten. Lernverträge (Onlinematerial) können die Verbindlichkeit der Bearbeitung einer Aufgabe steigern.

Insgesamt bescheinigen Preckel und Baudson (2013) der Herangehensweise des Enrichments weniger Effektivität als der Akzeleration. Es zeigen sich aber auch beim Enrichment positive Effekte.

Unterricht in höheren Klassen

Um Kindern, die nur in einem Fach besonders begabt sind, genügend Lernanreize zu bieten, kann es sinnvoll sein, sie in diesem Fach am Unterricht einer höheren Klasse teilnehmen zu lassen. Voraussetzung ist, dass die beteiligten Lehrpersonen zustimmen und die Stundenpläne kompatibel sind. Bei entsprechender räumlicher Nähe ist es sogar möglich, dass

GrundschülerInnen bereits in einem Fach am Unterricht des Gymnasiums teilnehmen.

Pull-Out

Bei Pull-Out-Programmen werden Kinder mit Hochbegabung für einen Tag oder einige Stunden aus dem Unterricht genommen, um in dieser Zeit alleine oder mit anderen hochbegabten Kindern zu lernen. Ein Beispiel stellt das „Drehtürmodell" dar (Greiten 2016): Die Kinder arbeiten in bestimmten Stunden in separaten Räumen an ihren eigenen Projekten. Diese stellen sie anschließend ihren MitschülerInnen vor. Um erfolgreich an einem solchen Angebot teilnehmen zu können, müssen die SchülerInnen selbstständig und ohne Unterstützung durch Lehrkräfte arbeiten können (siehe unten: selbstständiges Arbeiten).

Ein anderes Konzept bieten die sogenannten „Entdeckertagsgrundschulen" in Rheinland-Pfalz (Ministerium für Bildung, Wissenschaft, Weiterbildung und Kultur Rheinland-Pfalz 2009). Bei diesem Modell gehen Kinder mit Hochbegabung an einem Tag der Woche nicht in ihre eigene Schule, sondern besuchen mit anderen hochbegabten SchülerInnen die Entdeckertagschule. Dort beschäftigen sie sich z. B. mit Fremdsprachen, naturwissenschaftlichen Experimenten und Knobelaufgaben, wobei sie oft eigenständig an selbst gewählten Themen arbeiten und recherchieren, die Informationen für eine Präsentation zusammenfassen und im Anschluss ihre Ergebnisse vorstellen. Beim Arbeiten an einem Thema über mehrere Wochen hinweg ist von ihnen gefordert, zu planen, zu organisieren und die Motivation auch bei Schwierigkeiten aufrechtzuerhalten. Damit erwerben sie wichtige metakognitive Fähigkeiten.

selbstständiges Arbeiten

Auch Kinder mit Hochbegabung müssen selbstständiges Arbeiten lernen und brauchen dabei möglicherweise Unterstützung. Abb. 8 gibt einen Überblick darüber, welche Aspekte hierbei beachtet werden sollten. Hilfreich kann das Führen eines Lerntagebuchs (Onlinematerial) sein.

Mentoring

Beim Mentoring profitiert ein Mentee (z. B. Kind ohne Hochbegabung) über eine längere Zeit vom Wissens- und Erfahrungsvorsprung einer Mentorin bzw. eines Mentors (z. B. ein Kind mit Hochbegabung). Das hochbegabte Kind unterstützt den Mentee z. B. bei der Organisation oder beim Verständnis von Aufgaben. Damit übernimmt es eine Mitverantwortung für die Lernfortschritte des Mentees. Nach Preckel und Baudson (2013) profitieren vor allem Mädchen, Kinder mit niedrigem sozioökonomischen Status, Migrationshintergrund und UnderachieverInnen vom Mentoring. Sie erfahren in ihrer Rolle als MentorIn, dass ihnen jemand etwas zutraut und ihre Fähigkeiten als etwas Positives wahrnimmt. In der Grundschule sind Mentoring-Programme bislang noch seltener als in weiterführenden Schulen.

Abb. 8: Voraussetzungen für selbstständiges Arbeiten (Vock 2018)

Es ist allerdings nicht sinnvoll, SchülerInnen mit Hochbegabung entgegen dem individuellen Interesse ständig als Hilfe für leistungsschwächere Kinder einzusetzen, da sie sich so inhaltlich nicht selbst weiterentwickeln und die eigenen Lerninteressen möglicherweise unberücksichtigt bleiben. Wenn ein Kind mit Hochbegabung aber selbst gern in die MentorInnen-Rolle schlüpft und von den anderen Kindern akzeptiert wird, ist es möglich, ihm z.B. eine Lernpatenschaft für ein Kind, das hiervon profitieren und dies akzeptieren kann, anzuvertrauen.

Lernen durch Lehren

Die Möglichkeit, dass SchülerInnen mit Hochbegabung ihre Arbeitsergebnisse der Klasse vorstellen, wurde bereits erwähnt. Ein solches Vorgehen kann für beide Seiten Vorteile haben: Das Kind mit Hochbegabung kann dabei lernen, mögliche Verständnisprobleme der Zuhörenden zu antizipieren und üben, Inhalte für möglichst alle verständlich darzustellen. Die Zuhörenden wiederum erfahren etwas über Inhalte, die (so) nicht im Regelunterricht vorgekommen wären.

Arbeitsgemeinschaften

In vielen Grundschulen gibt es jahrgangsübergreifende AGs, die entweder für alle SchülerInnen verpflichtend sind oder freiwillig zusätzlich zum Unterricht stattfinden. Hier können Kinder mit Hochbegabung speziell gefördert werden und z. B. Fremdsprachen lernen oder sich mit anderen ähnlich begabten Kindern mit anspruchsvollen Themen beschäftigen. Mehr dazu findet sich in Kap. 3 des Buches.

Kooperation

Um angemessenes Enrichment realisieren zu können, sind auch Kooperationen mit außerschulischen Lernorten notwendig. Das können weiterführende Schulen sein, die für besonders begabte Kinder z. B. Schnupperunterricht anbieten. Es gibt auch einzelne Universitäten, die mit Grundschulen kooperieren. So bietet z. B. die Universität Hamburg für Kinder mit Hochbegabung im mathematischen Bereich Kurse an. Andere Universitäten (z. B. die Universität Köln) setzen dies in den Naturwissenschaften um. In Sachsen-Anhalt gibt es sogenannte „Korrespondenzzirkel“ in den Fächern Mathematik und Naturwissenschaften, bei denen die Kinder Aufgaben zugeschickt bekommen, die sie lösen und zurücksenden. Anschließend erhalten sie von den Leitungen ein ausführliches Feedback. Dazu kommen jährliche Treffen, bei denen sich die TeilnehmerInnen persönlich austauschen.

Weiterführende Informationen zu den AnsprechpartnerInnen finden Interessierte auf den Seiten des Schulministeriums im jeweiligen Bundesland. Auch die Karg-Stiftung hat entsprechende Informationen zusammengestellt.

Schüler- und Sommerakademien

Freiwilliger Zusatzunterricht in den Ferien (z. B. im Bereich der Naturwissenschaften) oder spezielle Förderungen für Kinder mit Hochbegabung werden von gemeinnützigen und kommerziellen AnbieterInnen offeriert. In einem Angebot für Kinder mit Hochbegabung lernte z. B. Mathilda (Kap. 1.2.1.1), wie sie gemeinsam mit anderen im Team arbeiten kann.

Wettbewerbe

Für hochbegabte SchülerInnen im Grundschulalter existieren eine Reihe von Wettbewerben unterschiedlicher Art, wie z. B. die Mathematik-Olympiade, Jugend musiziert, Umweltwettbewerbe und viele andere. Die Vorbereitung hierauf kann mit Unterstützung einer Lehrperson in einer AG oder einem Pull-Out-Angebot erfolgen.

Arbeitsgemeinschaft bundesweiter Schülerwettbewerbe (o. J.): Gemeinsam für Schülerwettbewerbe. In: www.bundeswettbewerbe.de, 23.02.2021

Bildung und Begabung gGmbH (2021): Das Portal für gute Bildung. In: www.begabungslotse.de, 14.03.2021

Binnendifferenzierung

Im alltäglichen Unterricht nimmt die Binnendifferenzierung eine relevante Rolle ein, denn hier kann die Lehrperson auch auf die Bedürfnisse von Kindern mit Hochbegabung eingehen. Während leistungsschwächere Kinder bei angemessener Passung vor allem von Unterrichtsformen profitieren können, bei denen die Lehrperson einen sinnvollen Lernweg vorgibt, profitieren Kinder mit Hochbegabung eher von offeneren Lernformen. Hierbei können sie ihren Lernprozess überwiegend eigenverantwortlich gestalten und komplexe Aufgaben auf einem für sie angemessen hohen Niveau lösen (Vock 2018). Von einem differenzierten Unterrichtsangebot können alle profitieren, wenn jedes Kind individuell passende Lernangebote erhält. Hierfür ist es wichtig, dass die Lehrperson gute Diagnosekompetenzen hat und bei der Unterrichtsplanung genug Zeit für ungewöhnliche Gedanken einplant.

!

Guter Unterricht ist adaptiv und individualisiert, passt also zu den Bedürfnissen des jeweiligen Kindes und macht Lernprozesse durch ein differenziertes Feedback sichtbar. Organisationsformen, die hierbei genutzt werden können, sind z.B. Wochenplan, Lerntagebuch, Portfolio oder Projekte (Onlinematerial).

Gruppenarbeit

Gruppenarbeit kann sowohl in eher leistungshomogenen als auch in leistungsheterogenen Gruppen stattfinden. In einer eher leistungshomogenen Gruppe bearbeiten z. B. Kinder mit Hochbegabung gemeinsam auf einem hohen Niveau komplexe Themen und werden dadurch intensiv gefordert und gefördert. Wichtig ist, dass die Arbeit dieser Gruppe ebenso im Plenum vorgestellt und gewürdigt wird wie die der anderen Gruppen.

Bei leistungsheterogeneren Gruppen sollte der Arbeitsauftrag möglichst so gestellt werden, dass eine Zusammenarbeit der Kinder erforderlich ist und alle ihren jeweiligen Beitrag zum Ergebnis leisten. Dies kann dadurch erreicht werden, dass die Kinder innerhalb der Gruppe verschiedene Rollen übernehmen, wie z. B. VorleserIn, MaterialbeschafferIn, ZeitwächterIn, RegelwächterIn, SchreiberIn, LaborantIn (Müller et al. 2013).

Lerntempoduett

Arbeiten in einer Klasse zwei Kinder ungefähr auf gleichem Anspruchsniveau, können sie auch in einem Lerntempoduett lernen. Dabei vergleichen sie nach Fertigstellung einer Aufgabe die Lösungen und vertiefen den Stoff anschließend im Austausch miteinander (Thal/Vormdohre 2009).

Knauber et al. (o. J.): Leistung macht Schule. Gemeinsame Initiative zur Förderung leistungsstarker und potenziell besonders leistungsfähiger Schülerinnen und Schüler. In: www.leistung-macht-schule.de, 23.03.2021

1.6 Anforderungen an die Lehrperson

Vielleicht fragen sich manche Lehrkräfte, ob Kinder mit Hochbegabung Lehrpersonen brauchen, die ebenfalls hochbegabt sind. Dies ist nicht der Fall.

Lehrkräfte für Kinder mit Hochbegabung müssen nicht selbst hochbegabt sein.

Welche Eigenschaften wirklich wichtig sind, zeigt die Forschung (z. B. Heinbokel 1981, Keller 2011, Stapf 2003). Im Zentrum stehen vor allem in der Grundschule die Persönlichkeit der Lehrkraft mit all ihren Facetten und eine daraus resultierende möglichst gute LehrerIn-SchülerIn-Beziehung, damit die Kinder ihr Leistungspotenzial entwickeln können.

Eine Lehrperson muss nicht in vollem Umfang über alle im Folgenden genannten Eigenschaften verfügen. Schwächen in einzelnen Bereichen können durchaus durch Stärken in anderen Bereichen ausgeglichen werden.

Die Lehrkraft sollte als Person in sich gefestigt sein und sich nicht z. B. durch Äußerungen, die unkonventionell sind oder die die Autorität der Lehrperson in Frage stellen, irritieren lassen. Gut ist es, wenn sie ihr Fach mag und kompetent über ihr Wissen verfügt. Dann sieht sie unkonventionelle Ideen der SchülerInnen nicht als Angriff auf die eigene Person, sondern als Bereicherung für den Unterricht. Hilfreich ist auch, wenn die Lehrperson über ein solides Wissen zum Thema Hochbegabung verfügt, sich selbst und das eigene Handeln kritisch hinterfragen und eventuell vorhandene Vorurteile ablegen kann.

Eine gute Beobachtungsgabe und Einfühlungsvermögen für die Bedürfnisse der SchülerInnen sollten selbstverständlich sein. Beides ist neben dem Wissen über Lernprozesse unabdingbar für die Diagnosekompetenz. Eine Lehrperson, die über eine gute diagnostische und didaktische Kompetenz verfügt, schafft es eher, den unterschiedlichen SchülerInnen ihrem jeweiligen Leistungsstand entsprechende, passende Angebote zu machen und damit die Motivation für schulisches Lernen aufrechtzuerhalten.

Erkennt sie gute Leistungen bei allen SchülerInnen an, kritisiert schlechtere Leistungen sachlich und freundlich und bietet bei Fehlern Verbesserungsmöglichkeiten an, trägt dies dazu bei, dass die Kinder ein gutes und gleichzeitig realistisches Selbstwertgefühl aufbauen.

Da (nicht nur) SchülerInnen mit Hochbegabung dazu neigen, Grenzen in Frage zu stellen, ist es wichtig, dass die Klasse gemeinsam klare Regeln vereinbart und von der Lehrkraft konsequent auf deren Einhaltung geachtet wird. Eine positive Verstärkung ist dabei sinnvoller als die Sanktionierung von Fehlverhalten. Bei der Anerkennung positiven Verhaltens können auch die Kinder unterstützen (Positive Peer Reporting im Onlinematerial).

Die Lehrkraft sollte darüber hinaus fair, neugierig, flexibel und humorvoll sein, über ein breites Interessenspektrum verfügen, getroffene Vereinbarungen oder Versprechungen einhalten, gut organisieren können, Ideen und Lernprozesse sinnvoll strukturieren, stimulierende Fragen aufwerfen und Methodenkompetenz und Arbeitstechniken vermitteln. Bei Betrachtung dieser Sammlung von Eigenschaften einer idealen Lehrkraft fällt auf, dass sie nicht nur für die Arbeit mit hochbegabten Kindern bedeutsam sind, sondern auch darüber hinaus.

1.7 Anregungen für Unterrichtsvorhaben allgemein

Bevor im zweiten Teil dieses Buches spezifische Fördermöglichkeiten im Kontext von Deutsch-, Mathematik- und Sachunterricht im Fokus stehen, finden LeserInnen hier Anregungen, die auch in anderen Fächern umgesetzt werden können. Von den Vorschlägen z. B. bezüglich Teamarbeit, Perspektivwechsel oder Präsentationsformen können nicht nur Kinder mit Hochbegabung profitieren; sie kommen fast allen SchülerInnen zugute. Durch die Offenheit in der konkreten Ausgestaltung eignet sich ihr Einsatz für ein breites Spektrum an Interessen und Leistungsniveaus.

1.7.1 Gruppenarbeit/Teamarbeit

Selbstständigkeit, Disziplin

Die Arbeit in einer Gruppe oder einem Team ist mehr als z. B. die gemeinsame Bearbeitung eines Arbeitsblattes. Kooperation ist vor allem dann sinnvoll, wenn Austausch in der Gruppe notwendig ist. Dazu benötigen die Kinder ein Mindestmaß an Selbstständigkeit und Disziplin. Diese beiden Fähigkeiten lassen sich aber auch in entsprechend gestellten Phasen der PartnerInnenarbeit üben. In Bezug auf die Größe einer Gruppe, in der Kooperation stattfinden soll, muss die Lehrperson beachten, dass die Zusammenarbeit mit steigender Mitgliederzahl schwieriger wird. Mit zunehmender Größe steigt die Gefahr, dass sich einzelne Kinder zurückziehen und die Arbeit von wenigen (z. B. besonders gewissenhaften Kindern oder solchen, denen es leicht fällt, z. B. Kindern mit Hochbegabung) erledigt wird.

Gruppenzusammensetzung

Bei einer zufälligen Gruppenzusammensetzung (mit Hilfe von Spielkarten, zerschnittenen Bildern o. ä.) ist zu beachten, dass das Ergebnis nicht immer ein arbeitsfähiges Team ist. Das kann z. B. der Fall sein, wenn sich Kinder nicht gut verstehen oder wenn einzelne wiederum eng befreundet sind und andere ausschließen. Alternativ kann die Lehrperson (evtl. unter Einbezug der Kinder) die Gruppen so zusammensetzen, dass möglichst unterschiedliche Kompetenzen vertreten sind, die zur Lösung eines komplexen Problems notwendig sind.

Findungsphase

Neu gebildete Gruppen müssen sich ggf. zu Anfang noch finden. Hierzu ist es sinnvoll, einmal gebildete Teams über einen längeren Zeitraum gemeinsam arbeiten zu lassen und als Lehrperson dafür zu sorgen, dass Konflikte und Verständnisprobleme in der Gruppe gelöst werden können. Dies kann zur Steigerung der sozialen Kompetenzen beitragen.

soziale Kompetenzen

Bei der Auseinandersetzung mit der Aufgabe und im Umgang mit unterschiedlichen Meinungen innerhalb der Gruppe können Hilfekarten (Onlinematerial) eingesetzt werden. Auf ihnen stehen handlungsleitende Fragen, wie z. B.:

1. Was denken wir über die Aufgabe?
2. „Wo liegen gemeinsame Ansatzpunkte?
3. Worin sind wir uns einig?
4. Wie sollen die Aufgaben aufgeteilt werden?“ (Schlimok o. J., o. S.)

Zur Aufteilung der gegebenen Aufgaben sollten die SchülerInnen ihre besonderen Interessen, Stärken und Schwächen bereits kennen und berücksichtigen.

Grundsätzlich sind zwei verschiedene Arten sinnvoller Gruppenarbeit möglich: arbeitsgleiche und arbeitsteilige Gruppenarbeit (hier erläutert am Beispielthema: Wie lebten die Menschen im Mittelalter in unserer Stadt?).

arbeitsgleiche Gruppenarbeit

Alle SchülerInnen erhalten das gleiche Material, beschäftigen sich mit der gleichen Aufgabe und bearbeiten sie entweder vollständig gemeinsam oder teilen die Aufgabe selbstständig in kleinere Einheiten, die zunächst einzeln bearbeitet und dann zusammengefügt werden (z. B.: Wie sah das Leben bei den Kindern, Bauern, Bürgern, Geistlichen etc. aus? Was gab es zu essen? Welche Spiele wurden gespielt?)

arbeitsteilige Gruppenarbeit

Jedes Gruppenmitglied erhält Material zu einer eigenen Teilaufgabe. Nach einer Einzelarbeitsphase werden diese Teile zu einem Ganzen zusammengesetzt, um die übergeordnete Aufgabe zu lösen. In Anlehnung an Meyer (1994) könnten in der Gruppe folgende Regeln gelten:

1. Ich bin für mich selbst und für die Gruppe verantwortlich.
2. Ich melde mich sofort, wenn mich etwas stört. Gemeinsam klären wir das Problem.
3. Wir wählen eine Person aus, die die Gesprächsführung übernimmt.
4. Wir verteilen die Aufgaben gemeinsam.
5. Wir legen fest, wer unsere Arbeitsergebnisse vorstellt.

Im Anschluss an die Gruppenarbeit ist neben der Vorstellung der Arbeitsergebnisse die Reflexion über den Arbeitsprozess wichtig. Hier können alle (auch Kinder mit Hochbegabung) erfahren, wie z. B. die eigenen Arbeiten in der Gruppe wahrgenommen und ob die Darstellungen verstanden wurden oder auch, ob alle ausreichend zu Wort kamen. Kinder mit Hochbegabung sind, falls sie gern eine Führungsrolle einnehmen und von den anderen Gruppenmitgliedern akzeptiert werden, gut als SprecherInnen einer Gruppe geeignet, da sie häufig die einzelnen Aspekte der Aufgabenstellung gut überblicken und Arbeitsergebnisse sinnvoll zusammenfassen können. Auch können sie durch unkonventionelle Meinungen und Ideen ein Team sehr bereichern.

Beispiele für und Hinweise auf komplexe Aufgaben für die Gruppenarbeit finden Sie im Onlinematerial.

1.7.2 Perspektivwechsel

Empathiefähigkeit

Für die erfolgreiche Durchführung einer Gruppenarbeit ist (nicht nur) für Kinder mit Hochbegabung die Fähigkeit zum Perspektivwechsel wichtig, um z. B. herauszufinden, worin für andere Kinder ein Problem besteht, für einen selbst aber vielleicht nicht. Mit diesem Wissen und der Fähigkeit, sich in sein Gegenüber hineinversetzen zu können (Empathiefähigkeit) ist es leichter, Verletzungen der MitschülerInnen zu vermeiden oder auch zu akzeptieren, dass diese möglicherweise weniger schnell denken oder Schwierigkeiten haben, einen vorgeschlagenen Lösungsweg ad hoc nachzuvollziehen. Vorhandenes Empathievermögen kann gleichzeitig das Kind mit Hochbegabung selbst schützen, wenn es z. B. hierdurch Verständnisprobleme und Nachfragen nicht als Angriff auf die eigene Person wertet.

Die folgenden Übungen eignen sich zum Training des Perspektivwechsels und können gut im Unterricht umgesetzt werden (in Anlehnung an Sportjugend Rheinhessen o. J.):

BEISPIEL

„Was macht mich traurig, wütend, glücklich?“:
Zwei Kinder (oder eine kleine Gruppe) spielen eine Szene nach, die sie auf dem Schulhof oder in der Klasse erlebt haben und die eine starke Gefühlsregung hervorgerufen hat. Danach werden die Rollen getauscht und die gleiche Szene noch einmal gespielt. Hierbei ist es wichtig zu beachten, dass es um keinen tagesaktuellen Konflikt geht und keine Abwertungen oder Schuldzuweisungen mit der Übung einhergehen.

„Unsichtbar“:
Ein Kind der Klasse legt sich einen Umhang um und ist damit „unsichtbar“. Die anderen Kinder bewegen sich frei im Raum, reden miteinander, umarmen sich oder lachen. Nur das „unsichtbare“ Kind wird ignoriert und niemand reagiert auf das, was es sagt. Dann übernimmt ein anderes Kind die Rolle des „unsichtbaren“ Kindes. Bei der anschließenden Reflexion geht es um die Gefühle, die mit folgenden Fragen thematisiert werden können: „Wie ist es, für die anderen Kinder unsichtbar zu sein?“, „Was macht das mit mir?“, „Wie geht es der Gruppe damit?“. Zum Abschluss bekommt die Klasse die Aufgabe, Regeln dahingehend zu formulieren, wie sie verhindern kann, dass jemand „unsichtbar“ wird. Bei dieser Übung sollte insbesondere im ersten Durchgang darauf geachtet werden, dass kein Kind für die Rolle des „unsichtbaren“ Kindes gewählt wird, das sich hierdurch in starkem Maße verunsichern lässt oder in der Klasse ohnehin eine Außenseiterposition innehat.

Diese Übungen erfordern ein hohes Maß an Sensibilität von Seiten der Lehrperson, die entscheidet, welche Übungen für ihre jeweilige Lerngruppe angemessen sind.

1.7.3 Projektorientiertes Arbeiten

In der Grundschule wird häufiger projektorientiert gearbeitet (Kap. 2.1.3.5, Onlinematerial). Dabei wählen die SchülerInnen das Thema selbst oder bestimmen zumindest mit, um was es im Einzelnen gehen soll. Projektorientiertes Arbeiten bezieht unterschiedliche Fächer mit ein und erstreckt sich über einen längeren Zeitraum. Die Kinder arbeiten hierbei häufig in Gruppen und weitgehend eigenverantwortlich. Auch außerschulische Lernorte können aufgesucht werden. Am Ende steht ein Produkt. Die Lehrperson übernimmt eine beratende Rolle. Bei projektorientierter Arbeit im Grundschulkontext gibt es sinnvollerweise einen klaren thematischen Rahmen, in dem sich die Kinder bewegen und eine vorbereitete Lernumgebung, die unterschiedliche Fächer miteinbezieht. Die Aspekte Selbstbestimmung und Selbsttätigkeit spielen beim projektorientierten Arbeiten ebenfalls eine wesentliche Rolle.

Beispiele für projektorientiertes Arbeiten zu den Themen „Wie lebten die Menschen vor 500 Jahren in unserem Ort?“ und „Räume erkunden“ befinden sich im Onlinematerial.

Ich-Stärke/Selbstwirksamkeit

Die Arbeit im projektorientierten Kontext kann bei Kindern mit Hochbegabung durch die Übernahme von Verantwortung (für die Arbeit in der Gruppe und an einem Thema) und die Möglichkeit, auf ihrem eigenen Niveau zu arbeiten, ein positives Selbstbild und Ich-Stärke vermitteln und ihnen die Chance geben, Selbstwirksamkeit zu erleben.

lebensnahe Themen

Lernen geschieht dann am wirkungsvollsten, wenn die Kinder das zu erwerbende Wissen in bereits bestehende Wissensnetze integrieren können. Hierfür eignen sich vor allem Phänomene aus dem Alltag der SchülerInnen, die u. a. komplexe Fragestellungen bieten. Dies kommt Kindern mit Hochbegabung entgegen. Verschiedene Beispiele für solche Themen finden sich in den Richtlinien und Lehrplänen der einzelnen Bundesländer, aber auch in Gesprächen mit den Kindern kommen interessante Themen aus ihrem Alltag zur Sprache.

1.7.4 Präsentationsformen

Wenn SchülerInnen eigenständig an einem Thema gearbeitet haben, ist es wichtig, dass sie die Ergebnisse präsentieren und dass diese von den MitschülerInnen und der Lehrperson gewürdigt werden. Mögliche Präsentationsformen sind:

- Vorträge mit oder ohne mediale Unterstützung: In beiden Fällen sollte die Rededauer im Vorfeld transparent gemacht und wenn nötig durch die Lehrperson begrenzt werden, damit alle Kinder die Möglichkeit haben, ihre Ergebnisse vorzustellen. Aufgrund der Vielfalt von Informationen, die Kinder mit Hochbegabung oft in vergleichbar kurzer Zeit gesammelt haben, kann es für sie eine besondere Herausforderung sein, sich auf die wesentlichen Fakten zu begrenzen und im vorgegebenen Zeitrahmen zu bleiben.

- Plakat oder Poster: Benötigt werden ein großer Tonkarton und mehrere Streifen unterschiedlicher Größe (z. B. aus einem Moderationskoffer) für Texte und Überschriften sowie Bilder, die das Thema illustrieren. Neben der inhaltlichen Gestaltung sollte darauf geachtet werden, dass die Darstellungen nicht überfrachtet werden, sondern nur das Wichtigste enthalten. Die Papierstreifen können bei inhaltlichen oder orthografischen Fehlern leicht ausgewechselt werden.
- Powerpoint-Präsentation o.ä.: Diese Form der Darstellung von Arbeitsergebnissen ist für Kinder geeignet, die schon gut mit einem Computer und den entsprechenden Programmen umgehen können. Dies ist bei Kindern mit Hochbegabung häufig der Fall. Neben Text lassen sich hierbei auch Bilder, Grafiken oder Videos einbinden. Weitere Beispiele für Präsentationsformen finden Sie im Onlinematerial.

Die Lehrperson kann entscheiden, ob sie die Wahl der Präsentationsform den Kindern überlässt oder ob sie die Auswahl einschränken möchte. Für die Zuhörenden ist es allerdings oft angenehmer, wenn bei den Präsentationsformen Abwechslung gegeben ist. SchülerInnen mit Hochbegabung können bei der Vorbereitung ihrer Präsentation zudem die Aufgabe bekommen zu überlegen, wie sie den Lerngegenstand so vermitteln können, dass auch leistungsschwächere SchülerInnen sich auf ihrem Niveau damit auseinandersetzen können (Kap. 1.7.2). Für alle Präsentationsformen gilt, dass im Anschluss das konstruktive Feedback der Zuhörenden wichtig ist, um allen SchülerInnen Erfolgserlebnisse und Lernzuwächse bezüglich des Präsentierens zu ermöglichen.

1.7.5 Lernbüros

Zur Binnendifferenzierung wird bei Greulich et al. (2010) das Modell der Lernbüros vorgestellt, wobei in jedem Büro ein anderer Schwerpunkt gesetzt wird. So kann es z. B. das „Sternchenbüro“ mit Denk- und Knobelaufgaben, das „Forschungsbüro“ mit Anregungen für Beobachtungen und Experimente, das „Schreibbüro“ mit Büchern, Formularen für Buchbesprechungen, Schmuckblättern und gefalteten Minibüchern, das „Spielebüro“ mit Lern- und Gesellschaftsspielen (z. B. Schach, aber auch selbst gestaltete Spiele), das „ErfinderInnenbüro“ mit unterschiedlichen Materialien zum kreativen Gestalten und für Erfindungen sowie das „Bunte Büro“ mit leeren Blättern, Suchbildern, Feinmotorik-Trainings usw. geben.

Die Arbeit in den unterschiedlichen Büros kann in Freiarbeitsphasen erfolgen oder fest im Wochenplan integriert sein. Damit alle Kinder gut von den Lernbüros profitieren können, ist eine regelmäßige individuelle Lernberatung durch die Lehrperson wichtig, bei der die Lernschritte und -ziele gemeinsam besprochen und Vereinbarungen in einem Protokoll festgehalten werden. Auch für Kinder mit Hochbegabung ist eine Beratung sinnvoll, um über die eigenen Lernbedürfnisse zu sprechen und gemeinsam Bereiche zu identifizieren, die noch Übung erfordern.

1.7.6 Förderung von Kreativität

Zur Lösung komplexer Aufgabenstellungen oder Probleme brauchen SchülerInnen neben Fach- und Methodenwissen auch Kreativität. Kinder mit Hochbegabung kommen oft auf ungewöhnliche, kreative Ideen. Diese sollten im Unterricht durch die Lehrperson wertgeschätzt werden (Hinweise zur gezielten Förderung von Kreativität finden Sie im Onlinematerial).

2 Förderung in den Fächern mit exemplarischen Unterrichtsvorschlägen

2.1 Deutsch

2.1.1 Allgemeines

frühes Lesen

Viele Kinder mit Hochbegabung lesen gerne und viel. Häufig beginnen sie bereits früh damit (siehe Fallbeispiel Mathilda, Kap. 1.2.1.1) und es fällt auf, dass sie sich für Geschichten und Texte interessieren, die nicht unbedingt altersüblich sind, aber ihrem hohen kognitiven Niveau entsprechen. Auch die Beschäftigung mit komplexen Texten stellt für sie oft kein Problem dar. Häufig haben Kinder mit Hochbegabung eine Vorliebe für Sachbücher zu ihrem eigenen Lieblingsthema. Im Kap. 2.1.2 finden sich Anregungen, wie Kinder mit Hochbegabung in diesem Bereich unterstützt werden können.

ungewöhnliche Thesen und neue Impulse

Neben dem Lesen ist auch der mündliche Sprachgebrauch von Kindern mit Hochbegabung oft weit entwickelt (Stapf 2003). Sie sprechen häufig gern über Dinge, die sie besonders interessieren und immer wieder fällt auf, dass sie klar argumentieren, z.T. ungewöhnliche Meinungen äußern oder Thesen aufstellen, die auf den ersten Blick möglicherweise merkwürdig erscheinen, die sie aber sinnvoll vertreten können. Wenn die Lehrperson es zulässt, können diese Ideen dem Unterricht in der Klasse spannende neue Impulse geben. Nicht selten fordern die Aussagen der Kinder die Lehrperson auch zum Neudenken auf und beleuchten bisher unbeachtete Facetten eines Unterrichtsgegenstands.

Sprachsensibilität

Für ihre Argumentation benutzen SchülerInnen mit Hochbegabung oft eine komplexe Sprache mit Nebensätzen und Fremdwörtern. Sie verfügen häufig über einen großen (z. T. auch fachspezifischen) Wortschatz. Zudem haben sie eine Sensibilität für gesprochene und geschriebene Sprache, wobei es vorkommen kann, dass sie auch zu Aspekten Fragen stellen, die die Lehrperson an ihre Grenzen bringen.

BEISPIEL

Rafael (Kap. 1.2.1.3) fragte seine Lehrerin plötzlich: „Warum wird das „ch" in „ich" anders ausgesprochen als in „ach"?" Die Lehrerin hatte sich darüber noch keine Gedanken gemacht und wusste es nicht. Sie gab die Frage als Rechercheaufgabe an ihn zurück. Wenig später hatte Rafael eine schlüssige Erklärung: „Wenn das „ch" nach dunklen Vokalen kommt, spricht man es aus wie bei „ach". Wenn ein heller Vokal oder „ü" und „ä" davor stehen, wird es wie bei „ich" ausgesprochen." Diese Regel wurde gemeinsam im Morgenkreis besprochen. Alle Kinder suchten dann nach möglichst vielen Wörtern mit „ch", um zu überprüfen, ob die aufgestellte Regel stimmt. Da sie kein Gegenbeispiel fanden, wurde die Regel auf ein Plakat geschrieben und in der Klasse aufgehängt.

Bei Bedarf können alle Kinder der Klasse auf so entwickelte Regeln zugreifen, was auch ihre sprachlichen Fähigkeiten fördert. Gleichzeitig erfährt die Leistung des Kindes mit Hochbegabung eine Würdigung.

Auch wenn sich viele Kinder mit Hochbegabung sprachlich sehr gut ausdrücken können, viel und gerne lesen und ihre Erkenntnisse, Ideen und Geschichten aufschreiben, gibt es unter ihnen auch Kinder mit Lese-Rechtschreib-Schwäche, die eine besondere Förderung brauchen (Literaturtipps).

Breimann, B. (2015): Informationsschrift zu LRS und den gesetzlichen Rahmenbedingungen für Lehrerinnen und Lehrer in NRW. In: www.bvl-legasthenie.de/images/static/pdfs/NRW/InformationsschriftLRS_NRW.pdf, 27.02.2021

Herné, K. L., Löffler, C. (2014): LRS: Schwierigkeiten erkennen – Fähigkeiten fördern. Ein Praxishandbuch für Lehrende der Klassen 1–6. Kallmeyer, Seelze

Klicpera, C., Schabmann, A., Gasteiger-Klicpera, B., Schmidt, B. (2020): Legasthenie – LRS. Modelle, Diagnose, Therapie und Förderung. utb, Stuttgart

2.1.2 Lesen

Lesen zu können ist eine Fähigkeit, die in fast allen schulischen Fächern von großer Bedeutung ist. Das Lesen spielt auch in der Freizeit eine wichtige Rolle – egal, ob es sich um das Lesen von Büchern, Zeitschriften und Zeitungen oder am Tablet bzw. Handy handelt. Lesend haben Kinder die Möglichkeit, Wissen zu generieren und sich damit die Welt über ihren unmittelbaren Erfahrungsraum hinaus zu erschließen. Lesefreude und Interesse für „erwachsene Themen" führen oftmals dazu, dass Kinder mit Hochbegabung über ein großes Allgemeinwissen verfügen, was ihnen wiederum erleichtert, neue Informationen in das bereits vorhandene Wissen zu integrieren. Dieses Phänomen wird auch „Matthäus-Effekt" genannt: „Wer hat, dem wird gegeben werden" (Kap. 1.4).

Die folgenden Beispiele zeigen, wie sich die Förderung von Lesefreude und Lesevielfalt in den Unterrichtsalltag einer heterogenen Lerngruppe einbinden lassen. Davon können Kinder sowohl mit als auch ohne Hochbegabung profitieren.

2.1.2.1 Lesen aus Freude und mit Genuss

Lesezeit Gerade im Grundschulalter ist es wichtig, die Lust am Lesen zu fördern, damit sich Kinder zu kompetenten (erwachsenen) LeserInnen entwickeln können. Es bietet sich daher an, in der Klasse eine feste Lesezeit einzurichten, in der alle Kinder, unabhängig von ihrem Kompetenzniveau, in einem Buch oder einer Zeitschrift lesen. Bei der Auswahl passender Literatur sollte die Lehrperson ggf. unterstützen.

Lesekonferenz Auf regelmäßig stattfindenden „Lesekonferenzen" können die Kinder das von ihnen aktuell gelesene Buch oder die Zeitschrift vorstellen, etwas zum Inhalt erzählen und sagen, was ihnen besonders gut oder gar nicht gefallen hat. So können sie sich gegenseitig bei der Auswahl der Lektüre beraten und entdecken vielleicht ein Buch oder eine Zeitschrift, auf das/die sie spontan nicht zugegriffen hätten.

Bibliothek Oft gibt es eine Klassen- oder Schulbibliothek, aus deren Bestand die Kinder für sie interessantes Lesematerial auswählen können. Existiert an der Schule keine Bibliothek, bietet sich die Zusammenarbeit mit einer nahegelegenen Bücherei an. Dort können oftmals sogenannte Themenkisten (Kap. 2.1.2.3) ausgeliehen werden oder man lässt sich von den MitarbeiterInnen ein auf das Alter und die Interessen der Kinder abgestimmtes Buchpaket zusammenstellen. Dabei können die Interessen der Kinder (auch derjenigen mit Hochbegabung) in besonderer Weise berücksichtigt werden. Die Ausleihfristen für eine solche Klassenausleihe sind in der Regel länger als für Privatpersonen.

Antolin

Viele Schulen arbeiten bereits mit dem Programm Antolin (Hoffmann o.J.). Hier beantworten die Kinder zu den jeweils gelesenen Büchern Fragen und bekommen für korrekt gegebene Antworten Punkte. Dies gibt der Lehrkraft die Möglichkeit, besondere Leseleistung mit einer Urkunde o.ä. zu würdigen. Für Kinder, die langsam lesen und/oder eine Leseschwäche haben, kann dies jedoch frustrierend sein. Auch wenn immer das gleiche Kind die meisten Punkte hat, verliert die Klasse schnell die Freude an der Arbeit mit dem Programm. Daher ist es sinnvoll, individuelle Maßstäbe anzulegen und dementsprechend Leistungsrückmeldungen zu geben, die berücksichtigen, welche individuellen Fortschritte die einzelnen SchülerInnen gemacht und wie sehr sie sich angestrengt haben. Auch dafür bietet das Programm Vorlagen.

2.1.2.2 Lesen zum Wissenserwerb

Fünf-Schritt-Lese-Methode

Neben dem Lesen aus Genuss spielt in der Schule das Lesen zum Wissenserwerb eine große Rolle. Um den Prozess des Wissenserwerbs zu systematisieren, schlägt z.B. Keller (2011) die Fünf-Schritt-Lese-Methode vor, die auch in vielen Deutschbüchern Verwendung findet. Bei dieser Methode werden fünf Schritte durchlaufen (Abb. 9).

Das Überfliegen des Textes vermittelt einen ersten Eindruck von dem Thema, um das es geht. Die Fragen an den Text richten sich nach der Textart und sind beispielsweise bei einem Sachtext andere als bei einer Erzählung. Ihre Beantwortung liefert eine erste Zusammenfassung des Inhaltes. In den Schritten drei und vier geht es um das genaue Lesen und Verstehen, das in Schritt fünf noch einmal überprüft wird. Die Lehrperson kann ein Plakat mit den einzelnen Schritten für alle sichtbar in der Klasse aufhängen oder Karten anfertigen, die die Kinder nutzen können, wenn ein komplexer Text erschlossen werden soll.

Die Fünf-Schritt-Lese-Methode ist für die meisten SchülerInnen einer Klasse zur Erschließung von Texten nützlich, nicht nur für Kinder mit einer Hochbegabung.

Können sich Kinder den Inhalt von Texten nach einmaligem Lesen bereits genau erschließen, sollten sie nicht zur Nutzung der Methode gedrängt werden.

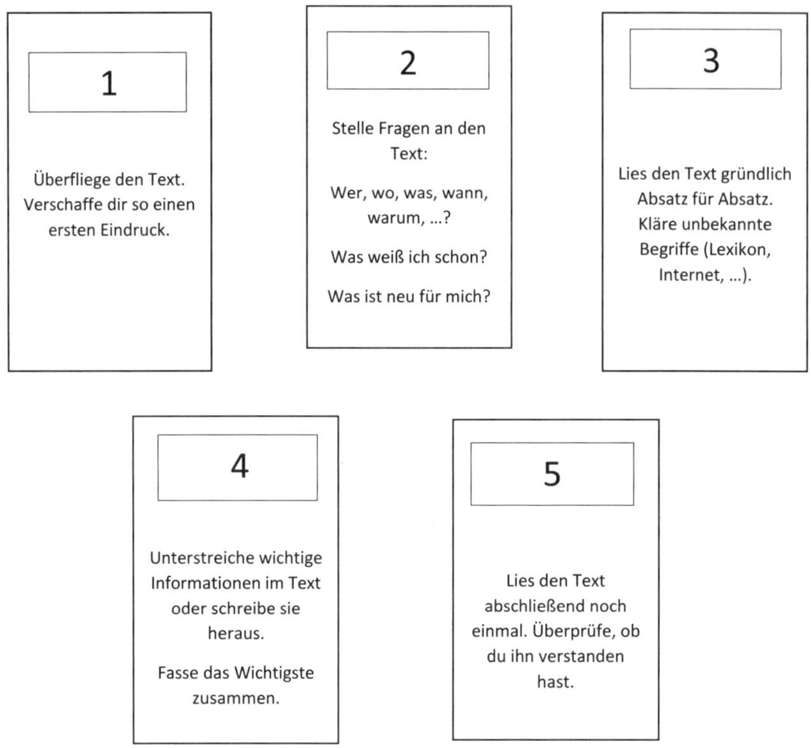

Abb. 9: Fünf-Schritt-Lese-Methode (in Anlehnung an Keller 2011)

2.1.2.3 Themenkisten

Binnendifferenzierung

Eine gute Möglichkeit, binnendifferenziert zu einem Thema zu arbeiten, sind Themenkisten, wie sie z. B. von Büchereien angeboten werden. Es gibt sie zu den unterschiedlichsten Themen (z. B. Bauernhof, Pflanzen in der Stadt, Geld, Sexualität, Mut machen, Trauer). In einer solchen Kiste finden sich verschiedene Medien zu einem Thema (z. B. Bücher, CDs, Comics, Hörspiele, DVDs, Spiele). Diese Kisten werden von BibliotheksmitarbeiterInnen für unterschiedliche Altersstufen zusammengestellt und lassen sich leicht an die eigene Klasse anpassen, indem Medien nach Bedarf entfernt oder hinzugefügt werden. Wenn die örtliche Bücherei kein entsprechendes Angebot hat, lassen sich Themenkisten auch mit Medien aus der Schulbücherei oder solchen, die die Kinder oder die Lehrperson zur Verfügung stellen, bestücken.

Themenkisten können bei einer guten Zusammenstellung der Materialien von allen SchülerInnen einer Klasse genutzt werden: von Kindern mit einem sonderpädagogischen Förderbedarf im Bereich der geistigen Entwicklung oder des Lernens bis hin zu denen mit einer Hochbegabung. Je nach Anlass kann es sinnvoll sein, den SchülerInnen freizustellen, ob sie mit den Materialien der Themenkiste arbeiten wollen oder nicht.

Wochenplan

Am einfachsten ist dies, wenn in der Klasse mit einem Wochenplan gearbeitet wird. Dann kann die Lehrperson neben den Pflicht- und Wahlaufgaben auch das Arbeiten mit einer Themenkiste als zusätzliche Wahlaufgabe anbieten. Kinder, die dieses Angebot annehmen wollen, können das eigenständig in ihren Wochenplan eintragen.

Da Kinder mit Hochbegabung meist sehr schnell mit ihren Pflichtaufgaben fertig sind, bieten Themenkisten ihnen eine gute Möglichkeit, die freie Zeit sinnvoll zu nutzen und ein Thema vertiefend zu bearbeiten.

Arbeitsvorschläge und Zusatzmaterial

Die Lehrperson kann eine Liste mit Arbeitsvorschlägen in die Kiste legen, um den Kindern die Orientierung zu erleichtern. Je nach Thema können weitere Materialien (z. B. Blanko-Hefte für Geschichten, Folien zum Abpausen, ForscherInnenhefte für Beobachtungen zu Experimenten im Sachunterricht) ergänzt werden. Am Ende der Arbeit mit der Themenkiste werden die Arbeitsergebnisse der Klasse vorgestellt und gewürdigt.

2.1.2.4 Vorträge halten

Zur Vorstellung von Arbeitsergebnissen bieten sich neben der Erstellung von Bildern, Grafiken oder Modellen Vorträge an. In den Klassen eins und zwei sind die Präsentationen in der Regel kurz, in höheren Klassen oder bei Kindern mit Hochbegabung können längere Vorträge dem Leistungsniveau entsprechen.

Antizipation

Für einen Vortrag vor der Klasse müssen die SchülerInnen Informationen suchen, ordnen und ansprechend darstellen. Kinder mit Hochbegabung sind sich oft nicht bewusst, dass sie sich in ihren Äußerungen auf einem kognitiv und sprachlich höheren Niveau befinden als die meisten ihrer MitschülerInnen. Hierdurch kann es dazu kommen, dass sie sich wundern, wenn sie nicht verstanden werden oder die anderen Kinder Fragen stellen, deren Antworten für das vortragende Kind ganz klar sind. Wird die Kommunikation in derartigen Situationen nicht angemessen durch die Lehrperson unterstützt, so kann dies auf Dauer dazu führen, dass Kinder mit Hochbegabung sich zurückziehen und eventuell ihre Kompetenzen verstecken, was eher bei Mädchen als bei Jungen vorkommt (Stapf 2003). Kinder mit Hochbegabung sollten also lernen, Verständnisprobleme ihres Gegenübers zu antizipieren und Texte so zu verfassen bzw. Vorträge so zu halten, dass möglichst alle MitschülerInnen sie verstehen können.

Feedback Hierzu brauchen sie die Hilfe der Lehrperson und das Feedback ihrer ZuhörerInnen. Damit die Vorträge für die Vortragenden und die Zuhörenden zu einem positiven Erlebnis werden, ist besondere Aufmerksamkeit von Seiten der Lehrkraft gefordert. Sie muss auf der einen Seite die zuhörenden SchülerInnen während des Vortrags zum Nachfragen ermuntern, auf der anderen Seite aber auch das Kind mit Hochbegabung stützen. Im Anschluss an einen Vortrag bietet es sich an, dass die ZuhörerInnen ihre Rückmeldungen formulieren. Hierbei sollte die Lehrperson darauf achten, dass zunächst positive Anmerkungen gemacht werden und erst darauffolgend sachliche und konstruktive Kritik geübt wird, wo dies angebracht ist. Zur Orientierung können die Satzanfänge aus Abb. 10 verwendet werden.

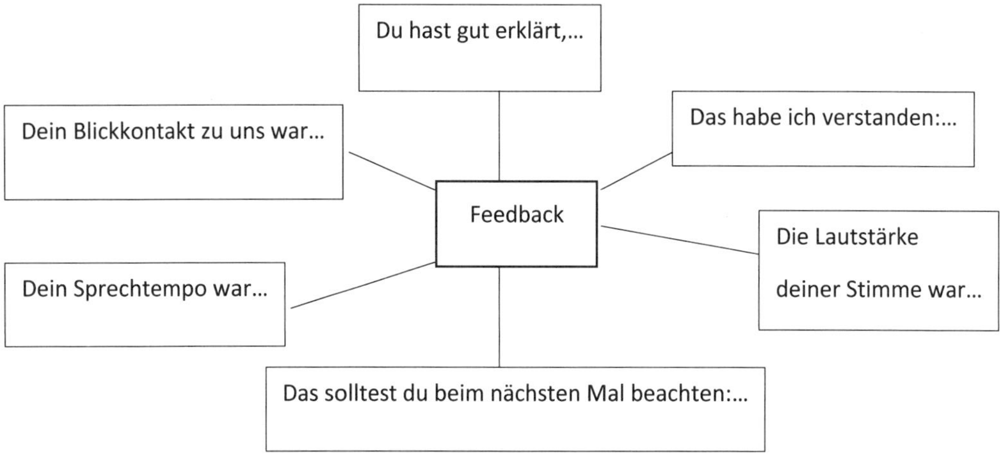

Abb. 10: Mögliche Satzanfänge für Feedback

Die Lehrperson kann dem Kind, das einen Vortrag gehalten hat, auch ein Gespräch unter vier Augen anbieten. In diesem Gespräch kann das Kind den eigenen Vortrag kritisch reflektieren, feststellen, was gut gelaufen ist und gemeinsam mit der Lehrkraft nach Optimierungsmöglichkeiten suchen.

Kleine Vorträge von Kindern mit und ohne Hochbegabung lassen sich gut in den Schulalltag integrieren und verlieren auch für ängstlichere Kinder ihren Schrecken, wenn sie erfolgreich verlaufen und zur Routine werden. Wenn die Kinder in ihre Vorträge eigene Interessen und Erfahrungen einbringen, können gelungene Vorträge und Präsentationen in besonderem Maße das Selbstbewusstsein der Vortragenden stärken.

Assembly

Es besteht auch die Möglichkeit, für besonders gelungene Arbeiten und Vorträge einen größeren Rahmen zu suchen, wie z. B. eine Assembly. Darunter versteht man eine klassenübergreifende Veranstaltung, bei der Unterrichtsergebnisse aus verschiedenen Klassen und zu unterschiedlichen Themen vorgestellt und gewürdigt werden. Hierbei erleben sich die Kinder als Teil einer größeren Gemeinschaft, was dazu führen kann, dass sie sich stärker mit ihrer Schule identifizieren.

2.1.3 Schreiben

Schreibimpulse

Die meisten Kinder freuen sich, wenn sie erste Worte und Sätze aufschreiben können, die von den AdressatInnen verstanden werden. Lernende mit Hochbegabung schreiben häufig schon früh und mit Begeisterung längere Texte. Die Lehrperson sollte versuchen, allen Kindern mit ihren jeweiligen Leistungsständen gerecht zu werden und ihnen vielfältige Schreibimpulse und unterschiedliche Formate anbieten, aus denen die Kinder wählen können. Mögliche Schreibimpulse sind z. B. die in Abb. 11 genannten Textarten.

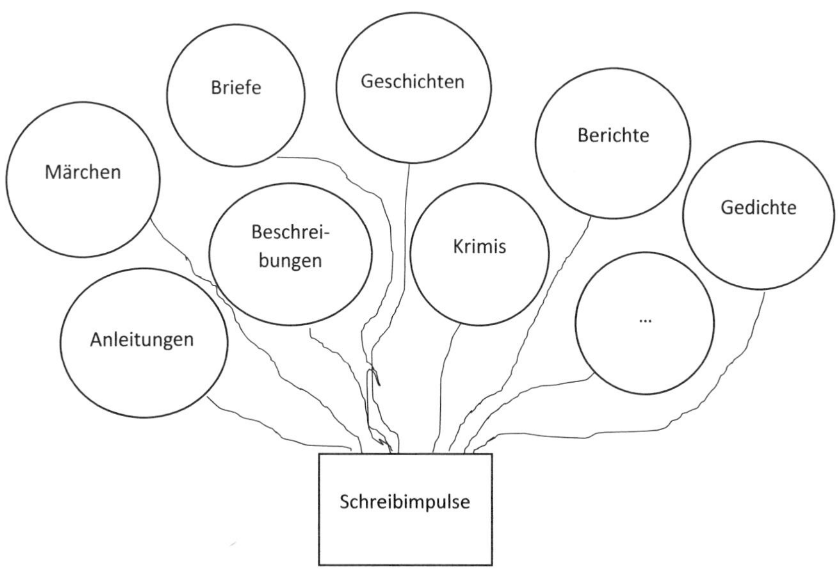

Abb. 11: Verschiedene Schreibimpulse

Vorlesegeschichten

In einer Kartei mit Schreibideen könnten beispielsweise folgende Aufgabentypen versammelt sein:

BEISPIEL

a Schreibe auf, was du am Wochenende erlebt hast.
b Lies die fünf Wörter und denke dir dazu eine lustige oder spannende Geschichte aus: Turnschuh – Teetasse – Torte – Tiefschlaf – Tintenfisch
c Lies eine Geschichte auf der Internetseite www.einfachvorlesen.de.

Schreibe dazu eine Parallelgeschichte:
- Überlege dir eine andere Hauptfigur.
- Beschreibe ein ähnliches Erlebnis wie in der Vorlesegeschichte.

d Suche dir ein Thema und schreibe dazu ein Elfchen oder ein Haiku. Beispielthemen: Eisenbahn, Frühling, Fisch, Spiel,…
e Schau dir das Bild an und schreibe dazu ein Gedicht (Anmerkung: passendes Bild beifügen).
f Lies die Geschichte vom Löwen, der nicht lesen konnte, und erzähle die Geschichte aus der Sicht des Nilpferdes (Anmerkung: Hier wird der Perspektivwechsel geübt).

Auch selbstgewählte Themen zum kreativen Schreiben können dazu beitragen, dass die Schreibfreude von Kindern mit und ohne Hochbegabung erhalten bleibt oder gesteigert wird.

bewährte Aufsatzmuster

Neben kreativen Schreibaufgaben sollten auch bewährte Aufsatzmuster in der Kartei enthalten sein, falls Kinder gezielt für Aufsätze oder Prüfungen trainieren wollen. Die entstehenden Texte sind nicht für die Schublade gedacht, sondern sollen zu verschiedenen Anlässen der Klasse, der Schulgemeinde oder der Lehrperson zu lesen oder zu hören gegeben werden.

Schreibkonferenz

Zur Qualitätssicherung der Texte bietet sich eine Schreibkonferenz in kleinen Gruppen von SchülerInnen an, in der sich die Kinder gegenseitig ihre Textentwürfe oder ihre fertigen Texte präsentieren und gemeinsam nach Verbesserungsmöglichkeiten suchen. Hierbei geht es nicht nur um die Rechtschreibung, sondern auch um die Verständlichkeit des Textes, die logische Abfolge von Erzählschritten usw.

Verständnisprobleme antizipieren

Die Arbeit in einer Schreibkonferenz kann Kinder (z. B. solche mit Hochbegabung) darin unterstützen, die Perspektive ihrer ZuhörerInnen einzunehmen und damit mögliche Verständnisprobleme auch bei zukünftigen Arbeiten zu antizipieren und im Vorfeld zu berücksichtigen.

2.1.3.1 Schreiben zu Bildern

Bilder eignen sich gut, um die Schreibfreude von Kindern zu wecken oder aufrecht zu erhalten. Sie können Grundlage für unterschiedliche Textformate sein. Im Folgenden wird ein Besipiel für ein entsprechendes Angebot vorgestellt.

Detailgenauigkeit

BEISPIEL

Paul Klee – Katze und Vogel

Zu Beginn der Stunde zeigt die Lehrperson den SchülerInnen das Bild „Katze und Vogel" von Paul Klee, ohne den Titel zu verraten. Die Kinder bekommen die Aufgabe, möglichst genau zu beschreiben, was auf dem Bild zu sehen ist. Dies fällt Kindern mit Hochbegabung oft leicht. Sie entdecken unter Umständen auch Details, die anderen Kindern verborgen bleiben. Deshalb sollten sie mit ihrem Wortbeitrag nicht die ersten sein. Möchte die Lehrkraft die Kinder zu intensiverer Auseinandersetzung mit dem Kunstwerk anregen, bietet sich die Arbeit an Stationen z.B. mit folgenden Aufgaben an:

Stationenarbeit

1. Schau dir das Bild genau an. Welche geometrischen Formen kannst du entdecken (z.B. Dreieck, Kreis,...)? Zeichne die unterschiedlichen Formen, die du entdeckt hast, und beschrifte sie.
2. Paul Klee war ein bekannter Maler. Finde heraus, wann er gelebt hat. Schreibe alles über ihn auf, was du interessant findest. Du kannst dazu in der Themenkiste nach passenden Büchern suchen oder im Internet recherchieren.
3. Was könnte die Katze denken? Schreibe eine kleine Geschichte dazu.
4. Glaubst du, dass Paul Klee Katzen gerne um sich hatte? Schau dir das Bild genau an und suche nach Hinweisen. Schreibe auf, was du gefunden hast.
5. Male ein ähnliches Bild.
6. Wie wirkt das Bild auf dich? Schreibe möglichst viele Adjektive auf.

Zur intensiven Beschäftigung mit einem Bild brauchen die Kinder Empathie: Sie müssen Gefühle und Stimmungen erfassen und beschreiben können. Dies ist eine Fähigkeit, die oft auch Kinder mit Hochbegabung üben müssen. Im Anschluss an die Stationenarbeit können die Kinder, die dies möchten, der Klasse ihre Arbeitsergebnisse vorstellen.

TIPP

Bei der Auswahl der Bilder sollte die Lehrperson darauf achten, dass diese genügend Raum für die Fantasie der Kinder lassen. Die Bilder sollten einen spontanen Zugang erlauben, sodass die Lehrkraft nicht zu viel erklären muss.

2.1.3.2 Betexten eines Bilderbuches

Bilderbuch Eine andere Möglichkeit, Texte und Bilder zu verbinden, ist das Betexten von Bilderbüchern. Dabei stellt die Lehrperson den Kindern die Bilder des Buches ohne den dazugehörigen Text zur Verfügung. Ausgehend von diesem Bildmaterial haben die Kinder die Aufgabe, kleine Geschichten zu schreiben. Rafael (Kap. 1.2.1.3) schrieb z. B. zu einer Seite aus dem Bilderbuch „Vielleicht – Eine Geschichte über die unendlich vielen Begabungen in jedem von uns“ (Yamada 2019) eine kleine Abhandlung über den Bau von Schiffen und wie sich dieser im Laufe der Zeit verändert hat. Für ihn war das ein logischer Zugang zum Bild, denn zu sehen war auf der Seite ein Segelboot aus einer Nussschale mit einem Kind am Ruder und einem kleinen Schwein daneben. Eine Mitschülerin schrieb zur gleichen Seite eine Geschichte, in der ein Kind davon träumt, mit einem Segelboot über das Meer nach Afrika zu fahren und dabei verschiedene Abenteuer zu erleben.

Yamada, K. (2019): Vielleicht – Eine Geschichte über die unendlich vielen Begabungen in jedem von uns. Adrian, Berlin

Bildfolge Neben Einzelbildern aus einem Bilderbuch kann die Lehrkraft auch eine Bildfolge zum Betexten anbieten. Hierbei ergibt sich aus einer Reihe von Bildern eine kleine Geschichte. Die gleiche Bildfolge kann je nach Interessen und aktueller Stimmung eines Kindes zu unterschiedlichen Arbeitsergebnissen führen. Für diese Aufgabe brauchen die Kinder die Freiheit, über das schreiben zu dürfen, was sie bewegt und was sie persönlich mit den Bildern verbinden, ohne dass darüber unangemessen geurteilt wird.

Cluster Alternativ zu einer Kartei mit Schreibimpulsen oder Bildern lässt sich auch mit der Methode des Clusterns arbeiten. In einer Kleingruppe (alternativ auch mit der gesamten Klasse) wird dabei ein Cluster erstellt. Zuerst schreibt ein Kind oder die Lehrperson einen Begriff in die Mitte der Tafel oder eines Blattes. Im Anschluss notiert jedes Mitglied der Gruppe Gedanken oder weitere Wörter darum herum, die mit dem Kernbegriff assoziiert sind. Eine

Wertung oder Einschränkung findet an dieser Stelle nicht statt. Ein solches Cluster könnte z. B. aussehen wie Abb. 12.

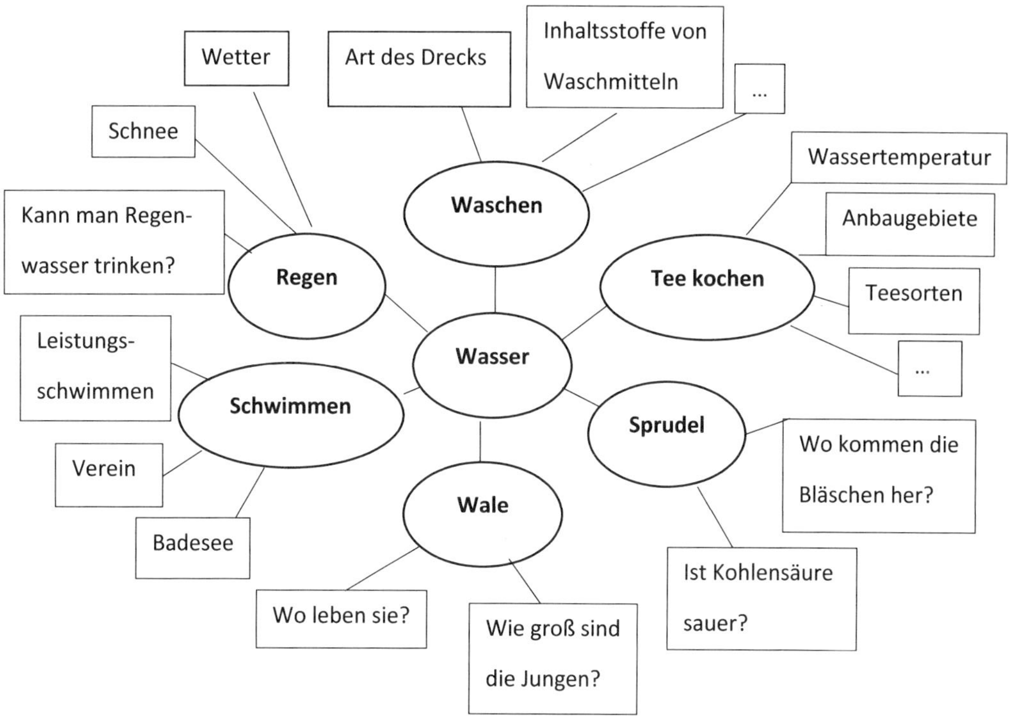

Abb. 12: Cluster zum Thema Wasser

Aus einem Begriff können also sehr unterschiedliche Themen generiert werden, aus denen die Kinder eines zur Bearbeitung auswählen, das sie besonders interessiert. Dies könnte z. B. das Thema „Wale" sein. Hat ein Kind genügend Informationen aus Büchern oder dem Internet gesammelt, überlegt es, welche Textart für einen Aufsatz über das jeweilige Thema geeignet ist. Beim Thema „Wale" wird dies wahrscheinlich ein Sachtext sein. Danach sortiert das Kind die gefundenen Informationen und wählt aus, was an den Anfang (z. B. Lebensraum), in die Mitte (z. B. Ernährung, Familie, Fortpflanzung) oder an den Schluss (z. B. Bedrohung durch den Menschen) des Textes gehört. Im Anschluss schreibt es den Text mit der Hand oder am Computer. Das Schreiben am Computer hat den Vorteil, dass der Text durch die Wahl verschiedener Schrifttypen und -größen oder durch andere Elemente eines Schreibprogramms leicht attraktiv gestaltet werden kann. Oft schreiben Kinder mit Hochbegabung nicht gerne mit der Hand, weil ihre Gedanken schneller fließen, als sie mit dem Stift schreiben können.

2.1.3.3 Briefe schreiben

reales Anliegen

Eine andere Möglichkeit, die Schreibfreude von Kindern zu steigern, ist das Verfassen von Briefen. Diese können einen realen Adressaten haben, wenn z. B. an die Gemeindeverwaltung geschrieben wird mit der Bitte, den Schulhof zu verschönern. Bei realen Anliegen können die Kinder optimalerweise direkt erleben, dass ihr Schreiben eine Reaktion hervorruft und daraus schließen, dass es sinnvoll ist, das Schreiben zu beherrschen.

fiktiver Brief

Die Kinder können aber auch einen fiktiven Brief z. B. aus der Sicht einer Figur aus einer Geschichte schreiben. So könnte der Pinguin, der auf Weltreise ist, seinen Freunden zu Hause schreiben und von seinen Abenteuern erzählen. Solche Briefe sind eine Kombination aus Erzählung und adressatenbezogenem Schreiben und können sowohl den Schreibenden viel Freude bereiten als auch denen, die sie lesen. Kinder mit Hochbegabung bringen hier teilweise sehr interessante Aspekte ein. So schrieb Johanna (Kap. 1.2.1.2), dass der Pinguin in Afrika das Gerippe eines Elefanten fand und aus den Rippen ein Marimbaphon baute. Sie beschrieb sehr genau, wie ein solches Instrument gebaut wird und worauf geachtet werden muss, damit es besonders gut klingt. Sie ließ in die Geschichte ihre Erfahrungen aus dem Marimbaphon-Unterricht in der Musikschule einfließen.

2.1.3.4 Tagebuch schreiben

Redezeit und Tagebuch

Kinder mit Hochbegabung haben oft sehr viel mitzuteilen. Im Schulalltag ist es als Lehrperson meist kaum möglich, diesen Kindern ausreichend Redezeit zur Verfügung zu stellen, weil auch alle anderen SchülerInnen ein Recht darauf haben, gehört und gewürdigt zu werden. Hier ließe sich ein Tagebuch einführen, in das die Kinder alles eintragen können, was sie interessiert und beschäftigt: von der Brückenkonstruktion über Streitereien oder schöne Erlebnisse bis zu selbstgeschriebenen Gedichten oder Erzählungen. Dieses Tagebuch kann das Kind in regelmäßigen Abständen der Lehrperson zu lesen geben, um dann eine persönliche und würdigende Rückmeldung dazu zu erhalten.

Perspektivwechsel

Soll oder möchte ein Kind üben, sich in andere Personen oder Figuren hineinzuversetzen, so bietet es sich an, von ihm Tagebucheinträge aus der

Perspektive einer Figur aus einer Geschichte verfassen zu lassen. Eine Aufgabe dazu könnte folgendermaßen lauten:

> Der Pinguin hat bei seinem Ausflug nach Afrika zum ersten Mal Elefanten, Löwen und Zebras gesehen. Am Abend schreibt er seine Erlebnisse und Eindrücke in sein Tagebuch. Was könnte dort stehen? Schreibe es auf.

2.1.3.5 Projektbegleitendes Schreiben

Die Themen für projektorientiertes Arbeiten und projektbegleitendes Schreiben sind sehr vielfältig und können z. B. aus den Lehrplänen des Sachunterrichts stammen oder wie im ausführlich dargestellten Beispiel zum Thema Hühnerbrüter (jahrgangsübergreifend in einer ersten bis vierten Klasse, Onlinematerial) aus dem Impuls eines Kindes entstehen.

2.1.3.6 Rechtschreibung und Grammatik

Wie bereits oben erwähnt, gibt es auch unter Kindern mit Hochbegabung solche, die eine Lese-Rechtschreib-Schwäche haben. Am Anfang kann das Kind vieles noch durch sein gutes Gedächtnis kompensieren. Werden die Anforderungen höher, ist das aber nicht mehr möglich und die Kinder erleben vermehrt Misserfolge (Preckel/Baudson 2013). Das belastet das schulische Selbstwertgefühl dieser Kinder in besonderem Maße und kann zu Schulunlust führen (Stapf 2003). Hier kann ein spezielles Lese-Rechtschreib-Training helfen, auf das hier jedoch nicht näher eingegangen werden kann.

analytische Fähigkeiten

Eine Stärke von Kindern mit Hochbegabung besteht häufig in guten analytischen Fähigkeiten, die es ihnen ermöglichen, rasch die einer Regel zugrunde liegenden Prinzipien zu erkennen. Dies hilft ihnen, auch in Bezug auf Sprache Regeln schnell zu verstehen und zu automatisieren.

RegeldetektivInnen

Im Unterricht könnten Kinder mit einer Stärke in diesem Bereich z. B. zu „RegeldetektivInnen“ werden. Sie erhalten dann eine Liste mit Wörtern und sollen herausfinden, welcher Rechtschreibregel sie allesamt folgen. Dazu können sie Hilfsmittel einsetzen wie einen Rechtschreibduden oder entsprechende Seiten im Internet, müssen dies aber nicht.

Wortliste:
Komma, schwimmen, kommen, Wasser, Watte, Ratte, wetten, Splitter, treffen

Im ersten Schritt überlegen die Kinder, welche Gemeinsamkeiten und Unterschiede die Wörter in dieser Liste haben. Hier geht es z. B. um die Doppelkonsonanten in der Wortmitte. Im nächsten Schritt suchen sie nach einer möglichen Regel für die Schreibung von Doppelkonsonanten:

- Ein Wort wird mit Doppelkonsonanten geschrieben, wenn der Vokal davor kurz ist.
- Ein Wort wird mit Doppelkonsonanten geschrieben, wenn man den Konsonanten beim Silbenklatschen zwei Mal hört: kom – men.

Bei der gezeigten Wortliste würden auf die Wörter mit Doppelkonsonanten beide Regeln zutreffen. Im weiteren Verlauf wird die folgende Wortliste angeboten mit der Frage, ob auch hier beide Regeln gelten:

Treffpunkt, er schwimmt, sie kommt, es wirft, Wettbüro

Kinder mit einer Stärke im analytischen Denken erkennen schnell, dass nur die erste Regel gilt, bzw. dass ein gebeugtes/zusammengesetztes Wort mit Doppelkonsonanten geschrieben wird, wenn dies auch in der Grundform des Wortes der Fall ist. Abschließend formulieren die erfolgreichen RegeldetektivInnen eine allgemeine Regel, die in der Klasse vorgestellt, aufgehängt und genutzt wird.

Auch zu anderen Rechtschreibphänomenen können RegeldetektivInnen auf die Suche gehen.

Sprachspiele

Viele sprachlich besonders begabte Kinder haben eine Vorliebe für Reime, Wort- und Sprachspiele. Hier bieten sich z. B. folgende Aufgaben und Spiele an:

BEISPIEL

- Erfinde einen Zungenbrecher, bei dem alle Wörter mit dem gleichen Buchstaben (oder der gleichen Buchstabenkombination, wie z. B. br, kl, schm) anfangen. Stelle den Zungenbrecher deinen MitschülerInnen vor.
- Erfinde zu einem Wort ein Rätsel. Beispiel: Was ist nur an einer Stelle heiß und oben meist dünner als unten? (Lösung: eine angezündete Kerze)
- Erfinde mit einem anderen Kind zusammen ein Würfelspiel zum Dehnungs-h.
- Erstellt zum Üben der Steigerung von Adjektiven ein Triett (Abb. 13). Gespielt wird nach den Quartettregeln.

süß (Zeichnung einer Pflaume)	**süßer** (Zeichnung eines Gummibärchens)	**am süßesten** (Zeichnung von Zuckerwürfeln)

Abb. 13: Beispiel für Triettkarten

wachsendes Gedicht

- Erfinde alleine oder mit einem anderen Kind ein „wachsendes Gedicht“ mit vielen Adjektiven. Beispiel:

  Vom Essen
  - Vom leckeren Essen
  - Vom vielen, leckeren Essen
  - Vom vielen, leckeren, gesunden Essen
  - werde
  - ich satt.

Bei Sprachspielen sind der Fantasie kaum Grenzen gesetzt. Die Kinder können z. B. auch Würfel- oder Anlegespiele (z. B. Domino, Triomino) zu Artikeln oder Konjugationen von Verben entwickeln. Wenn Kinder Gefallen daran gefunden haben, sind sie oft kaum noch zu bremsen und haben viele gute Ideen.

2.1.4 Sprechen

Sprechen mit all seinen Facetten und Äußerungslängen (vom einzelnen Wort bis zum längeren Vortrag) nimmt im Unterricht einen großen Raum ein. Es dient neben der Kommunikation auch der Erkenntnisgewinnung, kann Informationen oder Botschaften vermitteln und Gedanken klären. Vor allem für Kinder mit Hochbegabung ist es wichtig, dass sie von den anderen dabei verstanden werden.

2.1.4.1 Fragen stellen

Lernen zu lernen ist für alle Kinder (auch für solche mit einer Hochbegabung) sehr wichtig. Neben Mnemotechniken (Onlinematerial) gehört dazu auch die Kunst des Fragenstellens, denn mit Fragen und den dazugehörigen Antworten lassen sich Texte erschließen (Fünf-Schritt-Lese-Methode, Kap. 2.1.2.2) und Phänomene tiefgreifend verstehen oder die Fantasie anregen. So könnte die Lehrperson eine Geschichte erzählen und an einer Stelle abbrechen. Die Kinder sollen überlegen, welche Fragen z. B. die Hauptperson an diesem Punkt in der Geschichte stellen könnte und versuchen, diese zu beantworten. Bei einer weiteren Variante, Fragen zu einem Thema zu entwickeln, nennt die Lehrperson oder ein Kind einen Begriff und alle haben die Aufgabe zu versuchen, möglichst viele sinnvolle Fragen hierzu zu stellen.

BEISPIEL

Das Wort „Wasser“:

- Warum wird das Wort groß geschrieben?
- Wie viele Silben hat es?
- Warum wird es mit zwei „s“ geschrieben?
- Zu welcher Wortart gehört das Wort?
- Gibt es ein passendes Adjektiv dazu?
- Welche zusammengesetzten Wörter gibt es mit diesem Wort?

Hier sind nur die Fragen aufgeführt, die mit der Sprache zu tun haben. Natürlich wären (z. B. im Sachunterricht) auch Fragen zu anderen Schwerpunkten möglich.

Zum Lernen lernen gehören noch viele andere Aspekte (Literaturtipps).

Jebautzke, K. (2019): Der Lernen-lernen-Führerschein – 3./4. Klasse. Persen, Hamburg [wird auch für die 1./2. Klasse angeboten]

Löhle, M. (2005): Lernen lernen. Ein Ratgeber für Schüler. Hogrefe, Göttingen und Bern [auch gut zur Unterrichtsvorbereitung geeignet]

2.1.4.2 Philosophieren

Zur Förderung des kritischen Denkens und des Denkens in Alternativen kann mit Kindern auch das Philosophieren geübt werden. Anregungen dazu findet man z. B. im Buch „Sterben Äpfel auch?" von Cam (1996).

BEISPIEL

In der Geschichte „Das Vogelnest" (Hseng-Hong in Cam 1996) äußert die Tochter Jen-Jen, dass die Haare ihrer Mutter nach einem Friseurbesuch aussehen wie ein Vogelnest. Die Mutter, die selbst unglücklich mit ihrer Frisur ist, findet dies verletzend und bittet ihre Tochter, mit solchen Bemerkungen aufzuhören. Jen-Jen bekräftigt aber noch einmal: „Es ist eine Tatsache, Mama. Es ist ein Vogelnest." Daraufhin brüllt die Mutter sie an. Sie will nicht mehr über ihre Frisur sprechen. Daraufhin erinnert Jen-Jen ihre Mutter an die Klavierstunden, die sie genommen hat. Die Mutter stand ständig neben ihr, sagte, dass sie nicht gut genug spiele. Jen-Jen wollte, dass die Mutter weggeht, denn sie wusste selbst, dass sie mehr üben sollte. Aber die Mutter blieb. „Haare und Klavier, das sind zwei ganz unterschiedliche Dinge", sagte die Mutter am Schluss. Aber sind sie das wirklich?

An dieser Stelle kann mit den Kindern darüber philosophiert werden, unter welchen Umständen Dinge vergleichbar sind und unter welchen nicht.

Auch Mathilda (Kap. 1.2.1.1) hatte viel Freude am Philosophieren und diskutierte in ihrer Hochbegabtengruppe leidenschaftlich über auftauchende Fragen.

Eine andere Möglichkeit, zum Philosophieren anzuregen, ist, eine nicht eindeutig zu beantwortende Frage in den Raum zu stellen und die SchülerInnen einer Klasse darüber diskutieren zu lassen.

- Können wir sagen, wir sind am Ende des Weges angekommen, wenn wir noch 50 Meter gehen müssen?
- Ist es eine Lüge, wenn jemand etwas verschweigt?
- Wann ist ein Thema eigentlich ein interessantes Thema?

Auch Dilemmata bieten reichlich Stoff zum Nachdenken und Diskutieren. Entsprechende Geschichten können z. B. im Internet gefunden werden oder man denkt sie sich selbst aus.

BEISPIEL

Eine Mutter hat ein schwerkrankes Kind, dem nur eine sehr teure Medizin helfen kann. Leider bezahlt die Krankenkasse diese Medizin nicht. Die Familie ist arm und kann sich diese Medizin nicht leisten. Da bricht die Mutter nachts den Medikamentenschrank im Krankenhaus auf, in dem sie als Putzhilfe arbeitet, und stiehlt das Medikament. Das Kind bekommt das Medikament und wird gesund. Falls die Mutter von der Polizei als Diebin ermittelt würde, sollte sie dann bestraft werden? Und wenn ja, wie sollte man sie bestrafen?

2.1.4.3 Vorbereitung von Veranstaltungen

Lesungen veranstalten

In Kap. 2.1.2.4 wurde angeregt, Arbeitsergebnisse in einer Assembly zu würdigen. Mit den Erzählungen oder Sachtexten, die die Kinder im Unterricht oder zu Hause geschrieben haben, lässt sich auch eine Lesung veranstalten. Kinder mit Hochbegabung können (je nach Alter und Interessen) einen Teil der Planung und Vorbereitung (ggf. in einer Kleingruppe) übernehmen, wobei die Lehrperson als AnsprechpartnerIn bei Fragen zur Verfügung stehen sollte.

Planung und Vorbereitung

Zur Vorbereitung gehören neben der Auswahl eines geeigneten Raumes und der Zeit auch das Einholen notwendiger Genehmigungen (bei der Schulleitung), das Schreiben und Verteilen von Einladungen, ggf. das Anbieten von Getränken und Snacks sowie das Einteilen von HelferInnen (z. B. zur Bestuhlung und Dekoration des Raumes, als Bedienung). Auch die Moderation der Veranstaltung kann von einem Kind oder einer Kleingruppe übernommen werden.

Ein solches Projekt erfordert ein hohes Maß an Übersicht, Engagement und Durchhaltevermögen von den beteiligten Kindern und ist daher für interessierte Kinder mit Hochbegabung gut geeignet. Unterstützung durch die Lehrperson sollte dort erfolgen, wo sie nötig ist.

Selbstwertgefühl

Eine gelungene Veranstaltung, auf der im Übrigen auch Modelle oder Experimente aus dem Sachunterricht gezeigt werden können, kann enorm zur Steigerung des Selbstwertgefühls aller Beteiligten beitragen. Dies gilt sowohl für die Kinder, die die Veranstaltung geplant und durchgeführt haben, als auch für die, deren Texte oder Produkte vorgestellt wurden.

2.1.4.4 Vorbereitung eines Museumsbesuchs

Kindern mit Hochbegabung kann es viel Freude bereiten, wenn sie zu einem sie interessierenden Thema etwas erzählen können. Ein guter Anlass hierfür kann die Vorbereitung eines Ausstellungs- oder Museumsbesuchs sein. Im Vorfeld recherchieren die Kinder z. B. zu einem bestimmten Künstler, einem Bild oder einer Plastik oder sie informieren sich (und danach die Klasse) über eine Kunstepoche. Auch auf Besuche in einer natur- oder heimatkundlichen Ausstellung können sich die Kinder entsprechend vorbereiten. Eine solche Aufgabe ist nicht auf Kinder mit Hochbegabung beschränkt. Sie lässt sich gut in den Unterrichtsalltag integrieren und für unterschiedliche kognitive Niveaus differenzieren.

BEISPIEL

Aufgaben zur Vorbereitung auf eine Ausstellung mit Werken von Franz Marc:

- **Niveau 1:** Informiere dich im Internet oder auf den bereitliegenden Arbeitsblättern über den Maler Franz Marc. Schreibe deine Antworten zu den folgenden Fragen auf:
  - Wann wurde Franz Marc geboren?
  - Welchen Beruf hatte sein Vater?
  - Was wollte Franz Marc zunächst studieren?
  - Wo studierte er nach dem Militärdienst? Was studierte er?
  - Welche Farbe war seine Lieblingsfarbe?
  - Wo lebte Franz Marc die meiste Zeit seines Lebens?
  - Wann starb er?

- **Niveau 2:** Informiere dich im Internet oder den bereitliegenden Büchern über den Maler Franz Marc. Notiere die wichtigsten Informationen über sein Leben und Schaffen:
  - Geburts- und Todesdatum
  - Familie
  - Studium und Beruf
  - Besonderheiten seiner Malerei

- **Niveau 3:** Informiere dich im Internet oder in den bereitliegenden Büchern über den Maler Franz Marc, die Gruppe „Der blaue Reiter" und den Expressionismus. Mache dir Notizen für einen kleinen Vortrag.

Es besteht auch die Möglichkeit, dass die Kinder sich ein Exponat aussuchen, das im örtlichen Museum gezeigt wird, und schwerpunktmäßig darüber recherchieren. Erfahrungsgemäß freuen sich die Kinder, wenn sie nach einer solchen Vorbereitung die entsprechenden Bilder im Museum wiederfinden und etwas dazu erzählen können.

2.1.4.5 Hörspiel

Eine weitere Möglichkeit, auf unterschiedlichen kognitiven Niveaus gemeinsam an einem Projekt zu arbeiten, ist das Produzieren eines Hörspiels. Hier können ganz unterschiedliche Talente eingebracht und entsprechende Rollen/Aufgaben vergeben werden: SprecherInnen, Regie, jemand, der das Skript schreibt (falls kein fertiger Text genommen wird), jemand, der die passende Musik aussucht, jemand, der Geräusche macht und jemand, der die Technik bedient (z. B. schneidet). Kinder mit Hochbegabung, die gerne eine führende Rolle einnehmen, sind gut geeignet für die Position der Regie. Themen und Tipps für Hörspiele finden sich z. B. im Bereich Schule, Unterrichtsmaterialien auf der folgenden Internetseite:

Hessischer Rundfunk (o. J.): Kohle, Cash und Pinkepinke. In: www.kinderfunkkolleg-geld.de, 01.03.2021

Hier finden sich verschiedene Praxisbeispiele und Anregungen, sowie ein Märchentext, mit dem direkt mit der Arbeit begonnen werden kann, und jede Menge Tipps.

Geräusche können die Kinder oft selbst aufnehmen. Ansonsten gibt es sie kostenlos zum Download im Internet, z. B. unter:

AUDIYOU gGmbH (o. J.): Audiyou. In: www.audiyou.de/home/, 01.03.2021

Hagelüken, A., Bennöhr, J. (o. J.): hoerspielbox.de. Atmosphären Geräusche Laute Instrumente. In: www.hoerspielbox.de, 01.03.2021

Das fertige Hörspiel kann aufgenommen und auf CD gebrannt werden. Als Medium der Klassen- oder Schulbibliothek können die Kinder es immer wieder anhören, auf einer Assembly (Kap. 2.1.2.4) anderen Kindern und Erwachsenen vorstellen oder (vervielfältigt) mit nach Hause nehmen. Hörspiele müssen im Übrigen nicht gleich 45 Minuten lang sein. Gerade zu Beginn reichen in der Regel Kurzhörspiele (z. B. ein gespielter Witz oder ein Ausschnitt aus einer Gespenstergeschichte) aus. Werden kleinere Produktionen gut bewältigt, können längere Hörspiele in Angriff genommen werden. Wenn dies den Klassenunterricht sprengt, bietet sich ggf. eine AG an.

2.2 Mathematik

2.2.1 Allgemeines

Eine Hochbegabung im Fach Mathematik zeigt sich nicht, wie oft angenommen, darin, dass ein Kind besonders schnell Faktenwissen wie z. B. die Einmaleins-Reihen wiedergeben kann, da es sich hierbei nur um reine Reproduktion handelt. Dazukommen müssen die Fähigkeiten

- zum Strukturieren mathematischer Sachverhalte,
- zum selbstständigen Transfer erkannter Strukturen,
- zum selbstständigen Wechseln der Repräsentationsebenen (vom Anschaulichen/Anfassbaren zum Abstrakten) und
- zum selbstständigen Umkehren von Gedankengängen beim Bearbeiten mathematischer Aufgaben (Käpnick et al. 2005).

Lernen lernen

Im Übrigen haben nicht alle Kinder mit Hochbegabung diese auch im Bereich der Mathematik. Ihnen kann es ebenso wie allen anderen Kindern der Klasse helfen, wenn sie wissen, wie sie mit (bislang unbekannten) Aufgabenstellungen umgehen können und wenn sie lernen zu lernen (Kap. 1.4). In Anlehnung an Keller (2011) finden dabei die folgenden drei Stategien Verwendung:

a Erkennungsstrategien
- Lies dir die Aufgabenstellung sorgfältig und konzentriert durch.
- Unterscheide die Informationen, die für die Lösung wichtig sind, von denen, die keine weitere Bedeutung haben.

b Findestrategien
- Überlege, ob du schon einmal ähnliche Aufgaben gelöst hast. Welchen Lösungsweg bist du dabei gegangen?
- Kennst du bereits Regeln, die sich bei dieser Aufgabe anwenden lassen?
- Versuche, die Aufgabe zu vereinfachen und in Teilschritte zu zerlegen.
- Fertige eine Lösungsskizze an.

c Prüfstrategien
- Stößt du auf Schwierigkeiten, so lies den Aufgabentext noch einmal ganz genau.
- Überprüfe deine Ergebnisse nach jedem Teilschritt und noch einmal am Ende. Ist deine Lösung sinnvoll?

Diese Strategien lassen sich nicht nur bei der Lösung komplexer Aufgaben in Mathematik anwenden. Sie sind auch in anderen Fächern nützliche Hilfen, z. B. im Fach Deutsch (Gold et al. 2004).

2.2.2 Komplexe Fragestellungen

Für die Lösung eines mathematischen Problems (einer komplexen Fragestellung) müssen verschiedene Schritte durchlaufen werden. Zunächst muss das Kind die im Aufgabentext oder in der bildlichen Darstellung enthaltenen Informationen aufnehmen und die Frage oder das Problem verstehen. Danach überlegt es, ob ihm bereits ähnliche Probleme begegnet sind und erinnert sich ggf. daran, welcher Weg dort zum Erfolg geführt hat. Mit Hilfe bekannter Lösungsstrategien oder Fantasie in Bezug auf mathematische Prozesse löst das Kind schließlich das Problem. Im letzten Schritt geht es um die Überprüfung des Ergebnisses sowie die angemessene Darstellung des Lösungswegs und der Lösung.

offene Arbeitsformen

Kindern mit Hochbegabung kommt eine offene Arbeitsform im Fach Mathematik sehr entgegen, in der es z. B. Arbeitspläne mit Pflichtaufgaben und Aufgaben mit höherem Anforderungsniveau (oft „Sternchenaufgaben“ genannt) gibt. Tab. 1 zeigt einen Arbeitsplan des Projekts „PIKAS“ (Technische Universität (TU) Dortmund o. J.a).

Tab. 1: Arbeitsplan (TU Dortmund o. J.a)

Aufgabe	Angefangen	Erledigt	Selbsteinschätzung (Das kann ich so gut.)
7er-Reihe vorwärts und rückwärts			

individuelle Terminierung von Prüfungen

Die Kinder arbeiten in ihrem Plan weitgehend selbstständig. Fühlt sich ein Kind in einem Themengebiet sicher, kann es sich für eine Prüfung anmelden und bei einem erfolgreichen Abschluss das nächste Themengebiet in Angriff nehmen. Kindern, die sich sicher fühlen und Lust dazu haben, kann auch vorgeschlagen werden, sich als ExpertInnen für ein Thema (z. B. die 7er-Reihe) zu melden und damit diejenigen zu sein, die angesprochen werden, falls andere Kinder Fragen und Probleme bei der Bearbeitung spezifischer, in das Themengebiet fallender Aufgaben haben.

2.2.2.1 Alte Formate – Neue Fragen

Päckchen rechnen

Sehr beliebt und häufig in Schulbüchern zu finden sind die sogenannten Päckchenaufgaben. Sie lassen sich leicht so umwandeln, dass sich mathematische Gesetzmäßigkeiten an ihnen entdecken lassen. Damit werden sie zu sogenannten „Entdeckerpäckchen“ (Ministerium für Schule und Weiterbildung des Landes Nordrhein-Westfalen (MSW-NRW) 2008). Zwei Beispielaufgaben dieser Art werden in Abb. 14 gezeigt.

a)	b)
30 + 15 = __	12 + 20 = __
25 + 15 = __	13 + 22 = __
20 + 15 = __	14 + 24 = __
15 + 15 = __	15 + 26 = __
__ + __ = __	__ + __ = __

Abb. 14: Entdeckerpäckchen (MSW-NRW 2008)

Das in Päckchen a) verwendete Muster ist leicht zu entdecken. Auf der linken Seite des Pluszeichens wird die Zahl immer um fünf kleiner, ebenso beim Ergebnis. Der rechte Summand bleibt gleich. Wenn das Prinzip der Veränderung erkannt wurde, brauchen die Kinder die Aufgaben nicht mehr einzeln zu rechnen; sie setzen lediglich das Muster fort. Leistungsstärkere SchülerInnen entdecken das Prinzip meist sehr schnell, bei leistungsschwächeren kann die Lehrperson Tippkarten anbieten, z. B. „Achte besonders auf den ersten Summanden. Wie verändert er sich? Wenn du dich nicht mehr erinnerst, was ein Summand ist, schau auf der nächsten Tippkarte nach".

Beim Entdeckerpäckchen b) ist das Muster etwas schwerer zu erkennen, da sich beide Summanden verändern.

Bietet die Lehrperson den Kindern eine größere Anzahl an Entdeckerpäckchen an, lassen sich auch die folgenden Aufgabenformate nutzen (MSW-NRW 2008):

BEISPIEL

a Suche dir ein Entdeckerpäckchen aus und beschreibe es.
Die erste Zahl wird ______________________________
Die zweite Zahl wird ______________________________
Das Ergebnis wird also ______________________________

b Laura beschreibt ein Entdeckerpäckchen:
Die erste Zahl wird immer um 1 größer.
Die zweite Zahl wird immer um 2 größer.
Das Ergebnis wird immer um 3 größer.
Welches der Päckchen hat Laura beschrieben?

Einzelaufgaben zum Entdecken

Auch eine einzelne Aufgabe kann zum Entdecken einladen:

58 + 17 = 60 + 15

Rafael (Kap. 1.2.1.3) äußerte zum dargestellten Beispiel die folgende Entdeckung: „Auf der linken Seite zähle ich bei der ersten Zahl Zwei dazu, bei der zweiten Zahl ziehe ich die Zwei ab. Denn dann habe ich Zahlen, die sich leichter rechnen lassen".

Nach dem Lösen mehrerer ähnlicher Aufgaben, denen das gleiche Prinzip zugrunde liegt, können die Kinder den Auftrag bekommen, dieses allgemeine Prinzip zu formulieren, das das Rechnen von Plusaufgaben erleichtert.

Gesetzmäßigkeiten

Kinder mit Hochbegabung durchblicken meist schnell, welche Gesetzmäßigkeiten hinter solchen Aufgaben, wie sie oben beschriebenen werden, stecken. Für diese Kinder kann es eine Herausforderung sein, selbst ähnliche Aufgaben zu erfinden oder vielleicht sogar eine „Schulbuchseite" dazu zu gestalten. Die Praxiserfahrung zeigt, dass die MitschülerInnen solche (kopierten und in einem Ordner gesammelten) Aufgaben vor allem dann gerne bearbeiten, wenn die Namen der Peers verwendet und Kontexte beschrieben werden, die sich im Lebensalltag der Kinder wiederfinden.

Zahlenmauern

Ein weiteres gern genutztes Aufgabenformat sind Zahlenmauern. Durch Addition oder Subtraktion lassen sich die fehlenden Bausteine berechnen (Abb. 15).

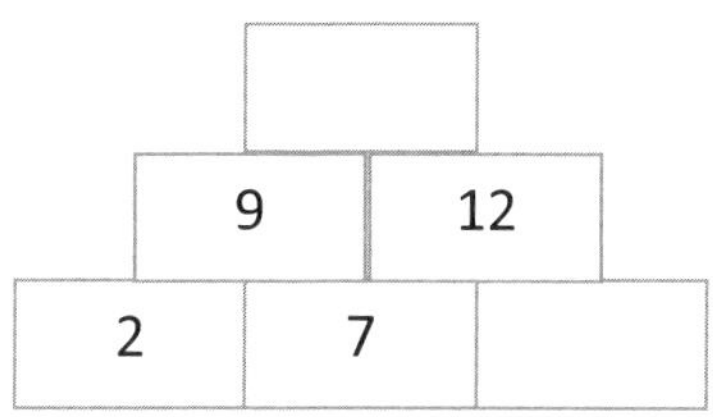

Abb. 15: Zahlenmauer 1

Ausprobieren und Berechnen

Zum mathematischen Forschen lädt eine Variante der Zahlenmauer (Tab. 2) aus dem Projekt „primakom" ein (TU Dortmund o.J.c). Diese Aufgabe lässt sich sowohl mit Ausprobieren und Berechnen verschiedener Zahlenmauern lösen, als auch mit Nachdenken.

Tab. 2: Zahlenmauer 2

Du hast drei Bausteine.	3 4 6
Wie musst du diese Basissteine in der untersten Reihe setzen, damit die Zahl auf dem obersten Stein deiner Zahlenmauer möglichst groß ist? Begründe, warum du das so machen musst.	

2.2.2.2 Textaufgaben

Diese Art von Aufgaben gehört bei den meisten Kindern nicht zu den Lieblingsaufgaben im Fach Mathematik, denn zur Lösung reicht es nicht, schematisch zu rechnen. Textaufgaben müssen gelesen, verstanden und die relevanten Informationen herausgefiltert werden. Erst daraus können sich sinnvolle Rechenoperationen ergeben. SchülerInnen mit Hochbegabung fällt dies oft leicht. Um auch sie weiter zu fördern, kann die Lehrperson ihnen komplexere Textaufgaben geben oder sie selbst Textaufgaben erfinden lassen.

Textaufgaben erfinden

AdressatInnen selbst erstellter Aufgaben können entweder die MitschülerInnen oder die Lehrperson sein, wobei die Komplexität der Aufgabe an die AdressatInnen angepasst werden sollte. Denkbar ist auch das Einführen einer „Textaufgabe des Tages", die von einem Kind gestellt und in Einzel- oder Partnerarbeit bearbeitet werden kann. Ein solches Ritual in Kombination mit hinsichtlich des Schwierigkeitsgrades angemessenen Aufgaben macht den meisten Kindern Spaß und kann dazu beitragen, dass die Bearbeitung von Textaufgaben als attraktiver wahrgenommen wird.

2.2.3 Denken und Rechnen

Denken und Rechnen gehören eng zusammen und Mathematik macht letztlich erst dann Spaß, wenn beides zusammenkommt. Die folgenden Beispiele bieten Kindern sowohl mit als auch ohne Hochbegabung Gelegenheit, am gleichen Gegenstand zu arbeiten, wenn auch auf unterschiedlichem Niveau. Bei der Fehleranalyse (Kap. 2.2.3.10) können die Denkergebnisse der Kinder mit Hochbegabung zudem einen direkten praktischen Nutzen für die gesamte Klasse haben. Andere Beispiele (z. B. Kap. 2.2.3.4 Sudoku, Kap. 2.2.3.7 Streichholzrätsel) beziehen sich eher auf den Spiel- und Rätseltrieb der Kinder. Hier steht der Spaßfaktor im Vordergrund.

2.2.3.1 Aufgaben mit Lebensweltbezug

Viele Kinder befassen sich gerne mit Aufgaben, die einen Bezug zu ihnen selbst und ihrer eigenen Lebenswelt haben. Es folgen einige Beispielaufgaben:

- Wie viele Jahre sind alle Kinder an deinem Gruppentisch zusammen alt?
- Wie viele Tage sind es noch bis Weihnachten?
- Wie viele Tage bist du alt?
- Wie viele Stunden dauert es noch bis zu deinem nächsten Geburtstag?

Die Beispielaufgaben zeigen, dass dieser Aufgabentyp je nach Aufgabenstellung unterschiedliche Leistungsniveaus ansprechen kann. Bei der Bearbeitung der Aufgaben sollen die Kinder jeweils aufschreiben oder berichten, welchen Weg sie genutzt haben, um auf ihr Ergebnis zu kommen.

2.2.3.2 Geometrie

Im Bereich Geometrie lassen sich verschiedene Körpernetze vorgeben mit der Frage, ob es möglich ist, daraus einen geschlossenen Körper herzustellen (Abb. 16).

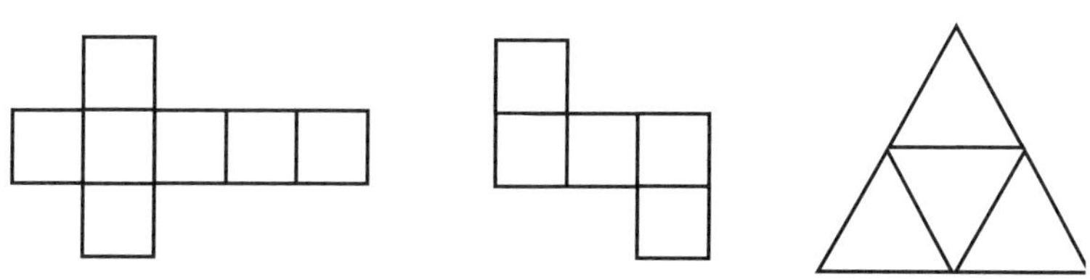

Abb. 16: Körpernetze

2.2.3.3 Logikrätsel

Bei Logikrätseln steht das Nachdenken stärker im Vordergrund als das Rechnen. Beispiele für derartige Aufgaben finden sich in Rätselheften o. Ä. Alternativ kann sich die Lehrkraft in Anlehnung an die folgenden Beispiele selbst solche Aufgaben ausdenken.

BEISPIEL

Zahlenketten

Bei Zahlenketten oder Ketten mit Symbolen soll die Reihe jeweils logisch fortgesetzt werden. Dazu muss das Prinzip erkannt und angewandt werden:

2 – 4 – 6 – 10 – ?

1 – 3 – 3 – 9 – 27 – ?

Stern – Herz – Wolke – Wolke – Herz – ? (Anmerkung: Wörter durch entsprechende Symbole ersetzen)

2.2.3.4 Sudoku

Vorlagen für Sudokus gibt es in unterschiedlichen Schwierigkeitsgraden. Auch sie sind häufig in Rätselheften zu finden. Vielen Kindern macht es Spaß, solche Rätsel auf ihrem jeweiligen Leistungsniveau zu lösen.

2.2.3.5 Spielautomat

Wahrscheinlichkeiten

Auch in der Rubrik „Daten, Häufigkeiten, Wahrscheinlichkeiten" gibt es Fragestellungen, die SchülerInnen der Primarstufe bereits lösen können (in Anlehnung an MSW-NRW 2008):

Gegeben ist ein Spielautomat mit drei Spalten mit Zahlen (Tab. 3). In jedem Spiel wird aus jeder Spalte eine Zahl gezogen und die Summe gebildet. Die Aufgabe lautet: Für die Summe 14 gibt es sechs mögliche Ziehungen. Finde sie.

Tab. 3: Spielautomat

1		4		7
2		5		8
3		6		9

Während bei der letzten Aufgabe das Rechnen im Vordergrund stand, ist bei den folgenden Aufgaben zur gleichen Spielautomatensituation das logische Denken gefragt (Tab. 4):

Rechnen und logisches Denken

Tab. 4: Ist die Aussage wahr oder falsch?

Aussage	wahr	falsch
Es ist unmöglich, die 10 als Summe zu erhalten.		
Es ist möglich, aber nicht sicher, eine ungerade Summe zu erhalten.		

Bei diesem Aufgabenformat ist es denkbar, dass sich die Kinder selbst weitere Aussagen ausdenken und ihre MitschülerInnen fragen, ob sie wahr oder falsch sind.

Eine weitere Variante der Spielautomaten-Aufgabe besteht darin, die Zahlen von eins bis neun so einzutragen, dass als kleinste Summe sechs und als größte Summe 24 möglich ist, wenn aus jeder Spalte eine Zahl gezogen wird (MSW-NRW 2008).

2.2.3.6 Dreiecksrätsel/Triomino

Mit Dreiecken lassen sich unterschiedliche Aufgaben gestalten. Bei Triominos, bei denen es für jede Rechenaufgabe nur eine Anlegemöglichkeit mit der richtigen Lösung gibt, liegt der Schwerpunkt auf den Rechenfertigkeiten, wobei verschiedene Schwierigkeitsgrade möglich sind. Es sind aber auch Aufgaben nach dem folgenden Muster möglich, bei denen der Fokus stärker auf dem logischen Denken liegt:

Lege die Zahlen von 1 bis 9 so auf die Punkte des Dreiecks (Abb. 17), dass du auf jeder Seite durch Addition 20 erhältst (in Anlehnung an Noack o.J.).

Abb. 17: Dreiecksrätsel (in Anlehnung an Noack o.J.)

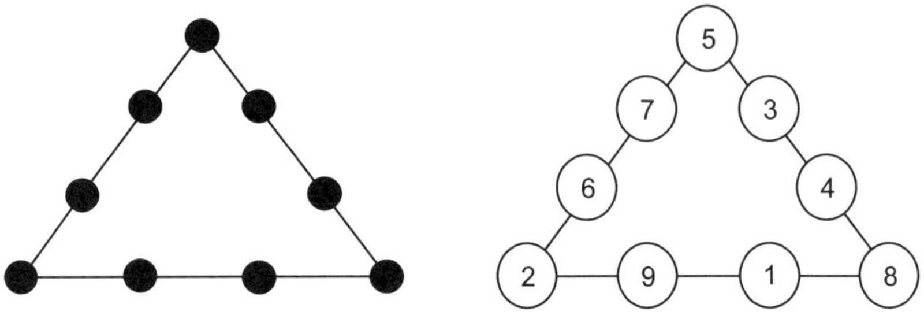

2.2.3.7 Streichholzrätsel

Streichholzrätsel finden sich oft in Rätselheften oder auch ausführlich auf den Seiten des Bildungsservers Hamburg unter Knobeleien mit Streichhölzern (Behörde für Bildung und Sport, Amt für Schule, Hamburg (BBS-HH) 2002). Das Lösen solcher Knobeleien setzt voraus, dass die Kinder strategisch und logisch denken und Bekanntes in einen neuen Zusammenhang bringen können. Zwei verschiedene Aufgabentypen werden im Folgenden vorgestellt.

BEISPIEL

a Lege mit sieben Streichhölzern die Figur aus Abb. 18.

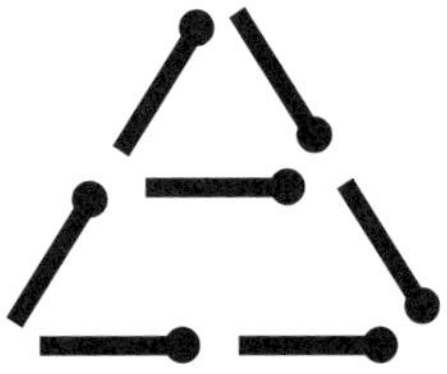

Abb. 18: Figuren legen mit Streichhölzern (BBS-HH 2002)

Lege zwei Streichhölzer um. Es sollen drei gleich große Dreiecke entstehen.

Meine Lösung:

b Lege die Rechenaufgabe in Abb. 19 nach. Lege nun ein Streichholz so um, dass das Ergebnis richtig ist.

Abb. 19: Rechenaufgabe mit Streichhölzern (Hirling o.J.)

2.2.3.8 Textaufgaben zum logischen Denken

Auch die in Kap. 2.2.2.2 bereits erwähnten Textaufgaben lassen sich so gestalten, dass das logische Denken im Vordergrund steht. Hierbei sind die Kinder im Vorteil, die über gute sprachliche Fähigkeiten verfügen und mathematische Sachverhalte im Arbeitsgedächtnis speichern können, wie es bei SchülerInnen mit Hochbegabung häufig der Fall ist.

BEISPIEL

a Du möchtest einen Kuchen backen und benötigst dafür 500 ml Milch. Leider gibt es in der Küche keinen Messbecher. Du hast aber zwei Gefäße, von denen eines 1500 ml und das andere 2500 ml fasst. Schaffst du es, damit genau 500 ml abzumessen? (Hinweis: 10 l Milch sind in einem großen Kanister vorhanden.)
b Judith hat acht Bonbons mehr als Jens. Jean hat vier Bonbons. Das ist ein Drittel der Bonbons, die Jens hat. Wie viele Bonbons hat jedes Kind?
c Hanna und Matty streiten sich, wer am Abend als Erster ins Bad darf. Sie wollen darum würfeln. Wenn Hanna eine 1, 2 oder 6 würfelt, darf sie zuerst ins Bad. Wenn Matty eine 3, 4 oder 5 würfelt, darf er zuerst. Wer hat die größere Chance, als Erster ins Badezimmer zu gehen? Begründe.

Die letzte Aufgabe verleitet manche Kinder dazu, die Zahlen zu addieren und auf dieser Basis zu entscheiden, wer zuerst ins Badezimmer darf. Denken die Kinder aber über die Wahrscheinlichkeiten nach, eine bestimmte Zahl zu würfeln, kommen sie auf die richtige Lösung: Die statistische Wahrscheinlichkeit ist für beide Kinder gleich groß.

Würdigung

Kinder, die solche Knobelaufgaben lösen, sind meist stolz auf ihr Ergebnis, vorausgesetzt, sie mussten sich für die Lösung in für sie selbst angemessenem Maße anstrengen. Um diese Anstrengung zu würdigen, kann die Lehrperson kleine Knobelkonferenzen für interessierte SchülerInnen abhalten. Es ist auch möglich, Kinder ihre jeweils liebste Knobelaufgabe und deren Lösung im Rahmen eines Rituals wie der „Knobelaufgabe des Tages“ vorstellen zu lassen. Dabei berichten sie (möglichst für alle verständlich) darüber, wie sie auf die Lösung gekommen sind, welche Schwierigkeiten auftraten und worauf bei dem gewählten Aufgabentyp besonders geachtet werden muss.

2.2.3.9 Offene Aufgaben

Bei offenen Aufgaben können mehrere Lösungswege und Ergebnisse möglich sein. Die Kinder können hier auf unterschiedlichen Niveaus an den gleichen Aufgabentypen arbeiten. Insofern sind solche Aufgaben gut zur inneren Differenzierung im Mathematikunterricht geeignet. Je weniger der Lösungsweg festgelegt ist, desto höher ist der Anteil an produktivem, divergierendem Denken, also solchem, das viele unterschiedliche Lösungsmöglichkeiten sucht (ALP 2015). Dies kommt allen Kindern einer Klasse zugute.

Mathilda (Kap. 1.2.1.1) bearbeitete folgende Aufgabe:

> Nimm dir ein leeres Blatt und schreibe in die Mitte deine Lieblingszahl. Zeichne um die Zahl herum, was für dich zu dieser Zahl gehört. Du kannst auch dazu schreiben, warum diese Zahl so besonders für dich ist.

Mathilda wählte die Acht, weil sie in zwei Ebenen symmetrisch ist, links wie rechts gleich aussieht, weil es eine gerade Zahl ist, die trotzdem keine Kanten hat, sondern schön rund ist und weil so viele Menschen zu ihrer Familie gehören.

Ein anderes Kind malte zu seiner Lieblingszahl drei Blumen, drei Pferde, drei Tassen usw. Beide Kinder haben damit die Aufgabe erfolgreich gelöst.

Auch die folgende Aufgabe (in Anlehnung an Pfeng 2008) lässt mehrere Lösungen zu, schränkt den Freiraum aber etwas mehr ein:

> Ich zähle 20 Beine. Wie viele Hasen und wie viele Hühner könnten es sein?

Aufgaben dieser Art können die Kinder sich auch selbst ausdenken. Gesammelt in einer Mappe kann die Lehrperson sie der Klasse zur Verfügung stellen. Auch bei den folgenden Aufgabentypen führt nur eine Kombination aus Denken und Rechnen zum Ziel.

BEISPIEL

Aufgaben aus PIKAS (TU Dortmund o.J. a):

a Rechne mindestens 20 verschiedene Mal-Aufgaben im Zahlenraum bis 20 (oder auch 50, 100, 1000). Sortiere sie nach ihren Ergebnissen. Gibt es Ergebnisse, die häufiger vorkommen? Überlege dir eine Erklärung dafür.

b Kennst du PAPA-Zahlen (Beispiel 3535, 7474)? Was passiert, wenn man eine kleinere von einer größeren PAPA-Zahl subtrahiert? Probiere mindestens zwölf Aufgaben aus. Rechne schriftlich. Was hast du entdeckt?

Während Aufgabe b von den meisten SchülerInnen einer Klasse wahrscheinlich gelöst werden kann, stellt die folgende Erweiterung hohe Anforderungen an das Denken:

c Wie viele PAPA-Zahlen gibt es? Schreibe auf und erkläre, wie du zu diesem Ergebnis gekommen bist.

Rechengeschichten

Viele Kinder denken sich gerne kleine Geschichten aus. Diese lassen sich häufig gut in Rechengeschichten umwandeln, wie das folgende Beispiel zeigt. Ausgangspunkt für diese Aufgabe war eine Erzählung aus dem Morgenkreis.

Am Wochenende war mein Papa da. Er wohnt seit vier Jahren nicht mehr bei uns. Meine drei Brüder und ich haben uns sehr über seinen Besuch gefreut. Gut, dass Mama so viel eingekauft hatte. Wir hatten vier Packungen Kaugummi, zwei Tüten Chips, acht Burger und fünf Wasser-Eis.
Denke dir Rechenaufgaben aus, die zu dieser Geschichte passen.

Ein Kind rechnete folgendermaßen:

Papa isst drei Burger. Dann bleiben für uns Kinder noch fünf Burger übrig.

Johanna (Kap. 1.2.1.2) ging anders an die Aufgabe heran. Sie berechnete, was die Mutter für diesen Einkauf bezahlen musste. Hier wird deutlich, wie unterschiedlich das Niveau sein kann und trotzdem beide Kinder die Aufgabe lösen.

Geometrie

Offene Aufgaben aus dem Bereich Geometrie könnten fachübergreifend z. B. so aussehen (TU Dortmund o. J.a):

> Suche im Internet nach Bildern von Piet Mondrian (z.B. „Tableau No. 1" oder „Victory Boogie Woogie"). Was fällt dir an den Bildern auf? Versuche, auch ein Bild wie Piet Mondrian zu gestalten. Benutze Zeichenwerkzeug dazu.

Die beiden genannten Bilder haben einen unterschiedlichen Grad an Komplexität. Die Kinder können von diesen beiden (oder auch anderen) Bildern dasjenige auswählen, welches sie am ehesten nachzeichnen können, oder sie gestalten ein Bild nach ihren eigenen Ideen.

Hundertertafeln

Hundertertafeln werden in Grundschulen regelmäßig verwendet, z. B. um die Abfolge der Zahlen oder den Zehnerübergang bei Additionen bzw. Subtraktionen zu üben oder um Regelmäßigkeiten bei den Zehnerreihen zu erkennen.

Besonders begabte Kinder können auch an folgendem Forscherauftrag zu Vierersummen an der Hundertertafel des MSW-NRW (2008) arbeiten:

> Britta wählt sich ein Zahlenquadrat aus der Hundertertafel aus (Tab. 5). Sie legt durchsichtige Plättchen auf die vier Eckzahlen und addiert sie. Als Summe erhält sie 70. Suche andere Möglichkeiten, die Summe 70 mit immer vier Plättchen zu legen. Halte deine Lösungen fest.

Tab. 5: Zahlenquadrat

○	2	3	○
11	12	13	14
21	22	23	24
○	32	33	○

Die Aufgabe ist dann gelöst, wenn ein Kind eine Strategie erkannt hat, d.h. wenn es festgestellt hat, dass beispielsweise die Summe der Einer immer fünf, die Summe der Zehner immer 65 ergeben muss. Auch durch gegensinniges Verschieben der Eckpunkte (waagrecht oder senkrecht) lassen sich passende Zahlen leicht finden.

Dreieckszahlen

Ein interessantes Aufgabenformat sind auch die Dreieckszahlen (in Anlehnung an Materialien aus dem Projekt KIRA, TU Dortmund o.J.b).

Schau dir die Abb. 20 an. Wie viele Punkte siehst du jeweils in der Dreiecksfigur? Wie viele Punkte werden wohl in einer Dreiecksfigur mit einer Seitenlänge von zwölf Punkten sein? Finde einen geeigneten Rechenweg.

Abb. 20: Dreiecksfigur

Natürlich können die Kinder zur Lösung kommen, indem sie die Dreiecksfigur zeichnen und die einzelnen Punkte zählen. SchülerInnen mit Hochbegabung finden aber oft auch eine rechnerische Lösung: 2 + 1, 3 + 2 + 1, 4 + 3 + 2 + 1 usw. Das Muster wiederholt sich. Ähnliche Muster lassen sich auch mit anderen Figuren finden (z.B. Quadraten).

Die Aufgabe „Zahlen ziehen und addieren“ (MSW-NRW 2008, 78) fordert von den SchülerInnen logisches Denken und ein Grundverständnis von Wahrscheinlichkeiten.

„Stell dir vor, du spielst mit einigen Freunden das Spiel „Zahlen ziehen und addieren“. Jeder Mitspieler darf sich vor Spielbeginn eine der möglichen Summen auswählen. Nach jeder Ziehung erhält der Spieler einen Punkt, dessen Summe gezogen worden ist. Sieger ist, wer nach 30 Ziehungen die höchste Punktzahl erreicht hat. Welche Summe würdest du auswählen? [...] Begründe deine Wahl“ (MSW-NRW 2008, 78).

Hinweis: Dieser Aufgabe liegt die Spielautomatensituation zugrunde (Kap. 2.2.3.5, Tab. 3). Ziehe immer eine Zahl aus jeder Spalte und berechne daraus die Summe.

2.2.3.10 Fehleranalyse

Lehrkräfte rätseln bei der Durchsicht von Mathematikaufgaben wie der folgenden Beispielaufgabe oft: „Wie ist das Kind nur auf dieses Ergebnis gekommen?"

$74 - 25 = 22$

Im Beispiel wurde das Stellenwertsystem ignoriert und das Kind hat 7 – 5 und 4 – 2 gerechnet. Die Regel zur Vermeidung dieses Fehlers könnte lauten: „Bei Minus-Aufgaben achte ich darauf, Einer von Einern und Zehner von Zehnern zu subtrahieren. Ich achte dabei auch auf den Zehnerübergang, wenn es notwendig ist". Auch im folgenden Beispiel (MSW-NRW 2008) geht es um einen Fehler:

BEISPIEL

Ein Ergebnis ist falsch. Woran kannst du das erkennen? Erkläre. Du brauchst nicht alles nachzurechnen.

$23 + 69 = 92$
$28 + 62 = 90$
$33 + 55 = 88$
$38 + 48 = 86$
$43 + 41 = 85$
$48 + 34 = 82$

Manche Kinder wissen nach einem kurzen Blick, dass sich die Ergebnisse jeweils um zwei verringern, ein Ergebnis dabei aber aus der Reihe fällt.

Fehler als Lernchance

Ein wichtiger Schritt auf dem Weg zur richtigen Lösung ist das Machen von Fehlern. Deshalb sollte die Lehrperson Fehler als produktiven Faktor im Unterricht betrachten und sie als Lernchance nutzen. Fehlerhaft bearbeitete Aufgaben können für eine Fehler-Kartei gesammelt werden. Kinder mit Hochbegabung entdecken oft schnell Fehlermuster. Sie können hier ihre analytischen Fähigkeiten nutzen, um den jeweiligen logischen Fehler zu finden und für andere SchülerInnen individuelle Tipp- und Hilfekarten mit Regeln zu gestalten, mit denen sich der jeweilige Fehler vermeiden ließe.

Während Kinder mit Hochbegabung bei der Analyse typischer Fehler ihr logisches Denken trainieren und üben, sich in andere hineinzuversetzen, profitieren leistungsschwächere SchülerInnen von einer sich stetig erweiternden Anzahl an Unterstützungskarten. Zur Analyse stellt die Lehrkraft anonymisierte Arbeitsblätter von SchülerInnen der Klasse zur Verfügung. Die Anonymisierung soll verhindern, dass Kinder bloßgestellt werden. Möglich wären auch von der Lehrkraft ausgefüllte Arbeitsblätter, auf denen typische Fehler, die in der Klasse vorkommen, nachgeahmt werden.

Weglassen von Teilschritten

Wie im Fallbeispiel Johanna (Kap. 1.2.1.2) bereits beschrieben, lassen Kinder mit Hochbegabung im Fach Mathematik häufig Teilschritte bei Aufgaben weg, weil sie, wie sie es oft ausdrücken „die Lösung vor sich sehen“. Sie können aber nicht unbedingt erklären, wie sie darauf gekommen sind. Hat sich die Lehrperson versichert, dass die SchülerInnen die Lösung fehlerfrei im Kopf finden können, kann sie darauf verzichten, dass alle Teilschritte verschriftlicht werden müssen. Die für sie überflüssige Verschriftlichung wird von Kindern mit einer entsprechenden Begabung im Fach Mathematik oft als Zumutung empfunden (Käpnick et al. 2005). Dem Kind muss jedoch auch klar sein, dass bei einer versehentlich falschen Lösung in einer Klassenarbeit möglicherweise Punkte verloren gehen.

2.2.4 ForscherInnenheft

Unabhängig vom Leistungsniveau der Kinder kann für das Fach Mathematik (oder auch für die Naturwissenschaften) ein ForscherInnenheft angelegt werden. Alle können hierin z.B. ihre Entdeckungen bei den von ihnen bearbeiteten EntdeckerInnenpäckchen festhalten. SchülerInnen mit Hochbegabung können ihre Entdeckungen in Bezug auf komplexere Aufgabenstellungen wie die folgenden (TU Dortmund o.J.a) berichten:

Rechne Additionsaufgaben mit zwei gleichen Zahlen. Schreibe auf. Kannst du etwas entdecken?

Eine mögliche Erkenntnis könnte sein: „Egal, welche beiden gleichen Zahlen ich zu der anderen addiere, es kommt immer eine gerade Zahl heraus." Ausgehend von dieser Erkenntnis kann die Lehrkraft die Kinder anregen, weitere Forschungsaktivitäten zur Addition vorzunehmen, z. B. „Was passiert, wenn ich eine gerade und eine ungerade Zahl addiere?", „Was passiert, wenn ich bei zwei verschiedenen Zahlen die Summanden vertausche?"

> Was weißt du über die Null? Findest du, das ist eine besondere Zahl? Schreibe deine Gedanken auf.

Da Kinder mit Hochbegabung meist sehr wissbegierig sind, werden sie wahrscheinlich mehr über die Null wissen wollen. Möglicherweise werden sie bei ihrer Recherche darauf stoßen, dass mit der Null schon 300 vor Christus in Indien gerechnet wurde, in Europa die Null aber erst im 12. Jahrhundert genutzt wurde. Sie werden herausfinden, dass Null nicht nur „Nichts" ist, sondern die Zahl, durch die man nicht teilen kann und gleichzeitig auch die Grenze zwischen positiven und negativen Zahlen. Vielleicht fallen den Kindern auch Sprichworte oder Aussprüche wie „Du bist eine Null!" oder „Der Zwilling der Null ist unendlich(∞)". Damit wäre eine Verbindung zum Fach Deutsch gegeben.

> In deiner Schule gibt es mehr als 100 Treppenstufen. Stimmt das? Überprüfe die Aussage und zeichne oder schreibe deine Lösung auf. Geht das auch, ohne alle Stufen einzeln zu zählen? (TU Dortmund o.J.a)

Diese Aufgabe kann auf unterschiedliche Art und Weise gelöst werden und lädt zum Forschen ein. So könnten die Kinder z. B. durch das gesamte Schulgebäude laufen und jede einzelne Stufe zählen oder sie zählen die Anzahl der Treppen pro Etage und nur bei je einer Treppe pro Etage die Stufen. Hinzuaddiert werden müssten dann noch die einzelnen Stufen z. B. am Eingang. Ähnliche Aufgaben können sich die Kinder selbst ausdenken und z. B. nach der Zahl der Fenster, der Türklinken, der Schultische usw. fragen.

> Eine Aufgabe aus dem Bereich Raum und Form (Geometrie) lautet: Finde alle Fünflinge (MSW-NRW 2008).

Mit Fünflingen sind fünf kongruente Quadrate gemeint, wobei die benachbarten Quadrate eine gemeinsame Seite haben müssen (Abb. 21). Nicht mitgezählt werden dabei gespiegelte oder gedrehte Figuren. Diese Aufgabe fordert das räumliche Vorstellungsvermögen heraus und lässt sich am einfachsten lösen, wenn die Figuren systematisch variiert werden (Hinweis: Bei Fünflingen gibt es zwölf Möglichkeiten, die Quadrate entsprechend der Regel anzuordnen).

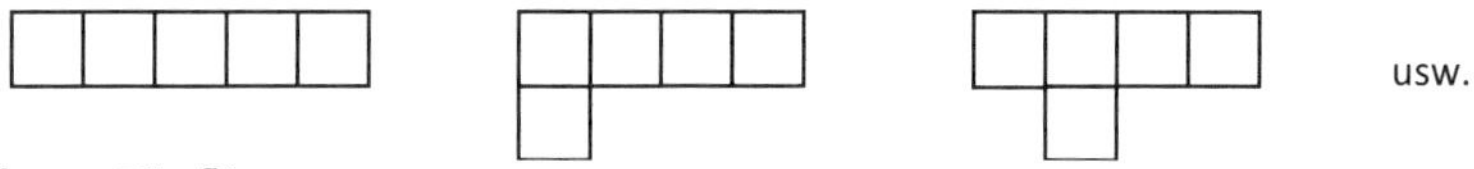

Abb. 21: Fünflinge

Zum weiteren Forschen können die SchülerInnen untersuchen, wie viele Möglichkeiten es gibt, Drillinge, Vierlinge oder Sechslinge anzuordnen. Kinder mit Hochbegabung können dazu z.B. Gesetzmäßigkeiten finden und formulieren.

2.2.5 Knobel- und Denkgeschichten

Angesichts der Vielzahl an Knobel- und Denkgeschichten, die im Internet, in Zeitschriften oder Büchern zu finden sind, sollen zwei Angebote besonders hervorgehoben werden: „Mathe im Advent" (Mathe im Leben gGmbH/Deutsche Mathematiker-Vereinigung o.J.) und „Krypto im Advent" (Pädagogische Hochschule Karlsruhe/Karlsruher IT-Sicherheitsinitiative o.J.).

2.2.5.1 Mathe im Advent (vierte bis sechste Klasse)

Dieser Internet-Adventskalender bietet jeden Tag eine mathematische Aufgabe, die in eine weihnachtliche Geschichte eingebunden ist. Die Kinder lösen sie im Klassenverband oder beteiligen sich einzeln, nachdem sie sich dafür online registriert haben. Am Ende eines jeden Spieltages muss die Lösung in das Antwortformular im Internet eingetragen werden. Am nächsten Tag kann dort überprüft werden, ob die gegebene Antwort richtig oder falsch war. Wer einen bestimmten Prozentsatz an korrekten Lösungen erreicht, nimmt an einer Verlosung teil, kann Preise gewinnen und Urkunden bekommen. Die Aufgaben stammen von Kindern (mit oder ohne Hochbegabung), von Klassenverbänden oder auch von Lehrkräften. Selbstgestaltete, eingesendete

Aufgaben werden geprüft und finden ggf. im nächsten Kalender Berücksichtigung. Für die teilnehmenden Kinder ist das eine große Anerkennung. Unter www.mathe-im-advent.de (Mathe im Leben gGmbH/Deutsche Mathematiker-Vereinigung o.J.) finden sich hierzu Beispielaufgaben. Der Adventskalender bietet auch Aufgaben für höhere Klassenstufen mit anspruchsvolleren Leistungsniveaus.

2.2.5.2 Krypto im Advent (dritte bis sechste Klasse)

Bei „Krypto im Advent" unterstützen die teilnehmenden Kinder ein AgentInnenteam beim Entschlüsseln geheimer Botschaften, die in kurze Geschichten eingebettet sind. Kurze Videosequenzen (auf dem YouTube-Kanal der Seite) erklären die unterschiedlichen Verschlüsselungsarten. Auch hier gibt es in der Adventszeit jeden Tag eine neue Aufgabe, deren Lösung in ein Online-Formular eingegeben wird. Am nächsten Tag kann auf der Internetseite die Lösung nachgelesen werden.

Geeignet ist die Einsteiger-Version für die dritte bis sechste Klasse. Erfahrungen aus der Schulpraxis zeigen, dass gerade Kinder mit Hochbegabung viel Freude an den Rätseln haben und den nötigen Ehrgeiz entwickeln können, um auch die schwierigsten Verschlüsselungen zu knacken. Die Geschichten und die dazugehörigen Videoclips sind ansprechend und kindgerecht gestaltet. Wie bei „Mathe im Advent" gibt es auch bei „Krypto im Advent" die Möglichkeit, Preise zu gewinnen, wenn eine Mindestzahl an Aufgaben richtig gelöst wurde.

2.2.6 Spiele mit Denkspaß – ThinkFun Spiele

Spiele, die Denken und Kreativität fördern, gibt es zuhauf. Aus dem großen Angebot seien hier beispielhaft drei unterschiedliche Spiele von ThinkFun (o.J.) aufgeführt, die bereits Kindern in der Grundschule viel Spaß machen.

2.2.6.1 Roller Coaster Challenge (ab sechs Jahren)

Bei diesem Spiel bauen die Kinder unterschiedliche Achterbahnen. Auf 40 Aufgabenkarten, von leicht bis schwer, sind bestimmte Achterbahnteile vorgegeben, die anderen Pfosten und Streckenteile sollen so hinzugefügt werden, dass der Wagen unterwegs nicht abstürzt. Dieses Spiel fördert neben logischem Denken auch die Raumvorstellung und das Wissen um Statik. Fehler beim Bau sind sofort sichtbar, da dann der Wagen abstürzt.

2.2.6.2 Chocolate Fix (ab acht Jahren)

Die Kunden eines Schokoladenfabrikanten wünschen sich ganz spezielle Zusammenstellungen für ihr persönliches Pralinenpaket. Es gibt je drei weiße, rosa und braune Pralinen, jeweils in den Varianten rund, quadratisch und dreieckig, insgesamt also neun Pralinen. Auf Karten stehen Hinweise, die, wenn man sie geschickt kombiniert, zur einzig richtigen Lösung führen.

2.2.6.3 Color Cube Sudoku (ab acht Jahren)

Die klassischen Sudokus (Kap. 2.2.3.4), bei denen die Ziffern von eins bis neun in jeweils neun Quadraten so angeordnet werden müssen, dass sich keine Ziffer waagerecht oder senkrecht wiederholt, kennen viele Kinder bereits. Color Cube Sudoku funktioniert nach dem gleichen Prinzip, nur dass es hierbei um Farben geht. Es gibt neun Würfel, auf deren Seiten jeweils vier Farbquadrate in unterschiedlicher Anordnung aufgebracht sind. Ziel ist es, die Würfel so anzuordnen, dass sich keine Farbe senkrecht oder waagerecht wiederholt. Dieses Spiel erfordert strategisches Denken.

2.2.7 Wettbewerbe

Für SchülerInnen, die Spaß daran haben, sich mit anderen zu messen, sind Wettbewerbe eine gute Möglichkeit, das eigene Können zu erproben und zu zeigen. In einigen Grundschulen gibt es AGs, die interessierte und leistungsstarke Kinder auf solche Wettbewerbe vorbereiten. Die Lehrperson kann aber auch die ganze Klasse dazu animieren, sich (in der ersten Runde) zu beteiligen und für eine gute Klassenleistung eine Belohnung (Urkunden, Spielezeit o. ä.) in Aussicht stellen.

Die hier beispielhaft vorgestellten Wettbewerbe haben jeweils etwas unterschiedliche Schwerpunkte.

2.2.7.1 Matheathlon

Der Matheathlon (Forschungszentrum Matheon o. J.) ist für Kinder ab der ersten Klasse geeignet und steht unter dem Motto „Rennen, Rechnen und Spaß haben". Schulen (oder Vereine) werden von Matheon z. B. dabei unterstützt, ihr Sportfest einmal mathematisch-sportlich zu organisieren. Auf einer Laufstrecke von 400 oder 800 Metern werden drei Stände platziert, bei denen kleine Mathematik-Aufgaben zu lösen sind. Für jede gelöste Aufgabe gibt es eine Zeitgutschrift. Gewonnen hat das Kind, das nach Abzug der Gutschriften die beste Laufzeit erreicht hat. Alternativ können auch Gruppen gegeneinander antreten oder die gemeinsam erzielte Laufzeit einer Gruppe wird gezählt. Matheon stellt auf seiner Homepage das ganze Jahr über Aufgaben und Lösungen zum Trainieren oder für den Wettbewerb kostenfrei zur Verfügung.

2.2.7.2 Känguru-Wettbewerb

Den Känguru-Wettbewerb (Mathematikwettbewerb Känguru e. V. o. J.) gibt es in zwei Fassungen. Beim Mini-Känguru-Wettbewerb für die erste und zweite Klasse ist die Teilnahme kostenlos, in der Fassung ab der dritten Klasse wird eine Startgebühr von 2 € (Stand Januar 2021) erhoben, die die Kosten für Urkunden und Erinnerungspreise decken soll. Der Wettbewerb selbst beinhaltet Aufgaben zum Knobeln, Grübeln und Rechnen. Die erfolgreiche Teilnahme an diesem Wettbewerb kann einen Motivationsschub für das Fach Mathematik oder auch weitere Wettbewerbe auslösen.

2.2.7.3 Mathematik-Olympiade

Die Mathematik-Olympiade (Mathematik-Olympiaden e. V. o. J.) läuft über drei Runden und ist geeignet für die dritte und vierte Klasse. Beispielaufgaben finden Lehrpersonen auf der Homepage. Von dort stammt auch die folgende Aufgabe (Aufgabenausschuss der Mathematik-Olympiaden e. V. 2018, Aufgabe 580321):

> Du hast einen blauen, einen gelben und einen roten Baustein. Aus ihnen sollen Türme gebaut werden. Wie viele unterschiedliche Türme kann man aus diesen drei Steinen bauen? Gib alle möglichen Türme an.

Diese Aufgabe ist auch für leistungsheterogene Lerngruppen (wie sie oft in inklusiven Settings anzutreffen sind) geeignet, da sie sich auf unterschiedlichen Niveaus lösen lässt. So können leistungsschwächere Kinder die unterschiedlichen Türme mit Bausteinen bauen, andere zeichnen die Turmvarianten und besonders begabte Kinder lösen die Aufgabe durch Nachdenken.

2.2.7.4 Grundschul-Mathewettbewerb

Dies ist ein Beispiel für einen länderspezifischen Wettbewerb, wie es ihn auch in verschiedenen Bundesländern gibt. Veranstalter ist in diesem Fall das Ministerium für Schule und Bildung des Landes Nordrhein-Westfalen (2020). Am Basiswettbewerb können alle GrundschülerInnen der vierten Klasse teilnehmen und sich dann ggf. für die weiteren Runden qualifizieren.

2.2.8 Weitere Angebote

Die folgenden beiden Angebote haben keinen Wettbewerbscharakter, bieten aber eine Vielzahl an interessanten Aufgaben an.

2.2.8.1 Mathematikum

Auf der Interseite des Mathematikums bietet das Mathematikum Gießen e. V. (o. J.) jede Woche eine Knobelaufgabe und mathematische Experimente mit einfachen Mitteln an. Zu den Aufgaben werden auch Videos vorgeschlagen. Viele der Aufgaben lassen unterschiedliche Lösungsmöglichkeiten zu. Im Folgenden wird eine Aufgabe in verkürzter Form vorgestellt.

> Falte ein Blatt in der Mitte. Drehe es um 90° und falte noch einmal. Falte nun so, dass der Winkel, den die beiden ersten Faltkanten einschließen, halbiert wird (es entsteht ein Dreieck). Schneide das gefaltete Papier schräg durch und falte es auseinander. Was kommt heraus? Probiere andere Winkel aus. Was verändert sich?

Kinder, die weitergehend forschen wollen, können andere Schnitte und Faltungen ausprobieren und dokumentieren, wie sich das Muster im aufgefalteten Papier jeweils verändert.

2.2.8.2 Virtuelle Mathe-AG

Die virtuelle Mathe-AG (Winkelvoß 2019) ist für Menschen zwischen vier und 100 Jahren gedacht und bietet schwierige, knifflige oder witzige mathematische Rätsel und Knobelaufgaben, wie z. B.:

BEISPIEL

Welches ist die größte Zahl, die du jeweils für a, b, c und d einsetzen darfst?
$17 - a > 8$
$b + 12 < 36$
$c - 18 < 54$
$d + d < 29$
Hinweis: Für die Buchstaben a – d dürfen nur ganze Zahlen (0, 1, 2,…) verwendet werden (Winkelvoß 2019, Serie 118, Klassen 1 und 2).

Auf der Internetseite der virtuellen Mathe-AG (Literaturtipp) finden Lehrkräfte auch eine Vielzahl an Materialien für den Unterricht. Interessierte Kinder können sich selbstständig auf der Seite bewegen und die Aufgaben lösen, die sie interessieren. Da auch komplexe Aufgaben dabei sind, ist die Seite auch für Kinder mit Hochbegabung oder besonderem Interesse an Mathematik gut geeignet.

Winkelvoß, H. (2019): Virtuelle Mathe-AG. Mathe für jung und alt. In: www.mathe-jung-alt.de, 14.03.2021

2.3 Sachunterricht – Naturwissenschaften

2.3.1 Allgemeines

Der Sachunterricht bietet besondere Möglichkeiten, auch Kinder mit Hochbegabung zu motivieren, ihr Wissen, ihre Fähigkeiten und Fertigkeiten sowie ihre Einstellungen weiterzuentwickeln. SchülerInnen mit Hochbegabung verfügen oftmals über ein stark ausgeprägtes Detailwissen in spezifischen Teilbereichen und gutes Beobachtungsvermögen, sodass es ihnen meist leichtfällt zu denken, Sachverhalte zu analysieren und Problemlösungen zu erarbeiten.

naturwissenschaftliche Begabung

Naturwissenschaftliche Begabungen können verschiedene Merkmale aufweisen (Kircher 2011):

- Interesse und Freude an naturwissenschaftlichen Themen und Erklärungen (Modellvorstellungen)
- Fähigkeit zur genauen Beobachtung und Beschreibung von Phänomenen
- Fähigkeit zur Analyse der Beobachtungen (Was ist Ursache, was ist Wirkung?)
- Fantasie für Erklärungen (Modellvorstellungen) und experimentelle Anordnungen auf der Grundlage von Erfahrung
- Bereitschaft zur sorgfältigen Durchführung der Experimente
- Fähigkeit zur Kritik an Erklärungen (Modellvorstellungen) auf der Grundlage eigener Erfahrungen, durch Verweisen auf schriftliche Belege und das Aufspüren logischer Widersprüche
- Fähigkeit zur Bildung von Kausalketten zur Erklärung komplexer Phänomene (Warum ist die Temperatur in einem schwarzen, mit einer Glasplatte überdeckten Schuhkarton höher als in der Umgebung?)
- Fähigkeit zur Entdeckung und Behebung von Fehlern beim Experimentieren
- Fähigkeit zur Verallgemeinerung experimenteller Tatsachen und Zusammenhänge
- Fähigkeit, sich ausgehend von experimentellen Tatsachen und Zusammenhängen technische Anwendungen (Erfindungen) zu überlegen, diese zu beschreiben, zu skizzieren und (falls möglich) zu realisieren
- Fähigkeit, sich über experimentelle Tatsachen und technische Anwendungen im Hinblick auf ihre gesellschaftlichen Auswirkungen Gedanken

zu machen (Wie wäre das Leben eines Kindes oder eines Erwachsenen ohne Elektrizität?)

- Fähigkeit zum Auffinden sinnvoller Vergleiche für ein Phänomen oder eine Modellvorstellung (Ein Hohlspiegel funktioniert wie ein Brennglas; ein Elektron bewegt sich im Stromkreis so langsam wie eine Schnecke.)
- Fähigkeit zum Erfinden von Spielen im Zusammenhang mit einem Phänomen (z.B. Geschicklichkeitsspiele mit Magneten (Magnetangel) und elektrischen Stromkreisen)

kompetenzorientierter Unterricht

Durch die Betonung eines kompetenzorientierten Unterrichts in den Rahmenplänen, bei dem nicht ein bestimmter Inhalt, sondern die zu vermittelnde Kompetenz wie z. B. „argumentieren“ im Vordergrund steht, können vielfältige naturwissenschaftliche Themen behandelt werden. Lehrkräfte haben dadurch die Möglichkeit, auch ungewöhnlichere Themen (z. B. Bionik, Axolotl) mit der Klasse zu erarbeiten und dabei Kinder mit Hochbegabung besonders zu fördern.

selbstgesteuertes Lernen

Formen des selbstgesteuerten Lernens, bei denen SchülerInnen ihr Lernen selbst planen, sich selbst motivieren, die Konzentration aufrecht erhalten und ihren Lernprozess reflektieren, sind für Kinder mit Hochbegabung besonders motivationsfördernd. Im Unterricht kann es hilfreich sein, den Kindern innerhalb eines projektorientierten Unterrichts Themengebiete in Form verschiedener Medien (z. B. Literatur, Lernvideos, Internet) zur Auswahl anzubieten, die sie inhaltlich aufbereiten und der Klasse präsentieren. Möglich ist auch, die SchülerInnen mit Hochbegabung nach eigenen Interessensgebieten zu befragen, sie dazu mit den entsprechenden Informationsquellen zu versorgen und mit ihnen gemeinsam eine Präsentationsform auszuwählen. Diese Präsentation kann als Ausgangslage oder zur Vertiefung für den Unterricht mit allen Kindern genutzt werden. Jedes Kind kann sich im Rahmen seiner Möglichkeiten sinnvoll einbringen.

forschendes Lernen

Forschendes Lernen im Sachunterricht fördert gezielt die Denk- und Arbeitsweisen, mit deren Hilfe Kinder lernen, selbstständig Fragestellungen und Vermutungen zu entwickeln, zu überprüfen und zu bewerten. Dabei greifen sie in der Regel auf vorhandene Vorstellungen und Präkonzepte zurück und übertragen die Inhalte auf Alltagssituationen bzw. -erfahrungen. Beim forschenden Lernen wird viel Wert auf die Aufbereitung und Präsentation von Ergebnissen gelegt. In Abb. 22 ist der Prozess des forschenden Lernens als Forschungskreislauf dargestellt. Folgende Aspekte können durch forschendes Lernen gefördert werden (Ministerium für Bildung Rheinland-Pfalz 2018):

- die Problemlösefähigkeit, da das Kind schrittweise lernt, die Lösung seiner Frage selbstständig zu erarbeiten und dabei die notwendige Kompetenz der naturwissenschaftlichen Denk- und Arbeitsweisen entwickelt
- die Motivation
- die Kommunikation, auch hinsichtlich der Anwendung von Fachsprache
- die Transferfähigkeit, indem SchülerInnen üben, Wissen zu verknüpfen und auf andere Bereiche zu übertragen
- die Entwicklung von Selbsttätigkeit und Selbstverantwortung

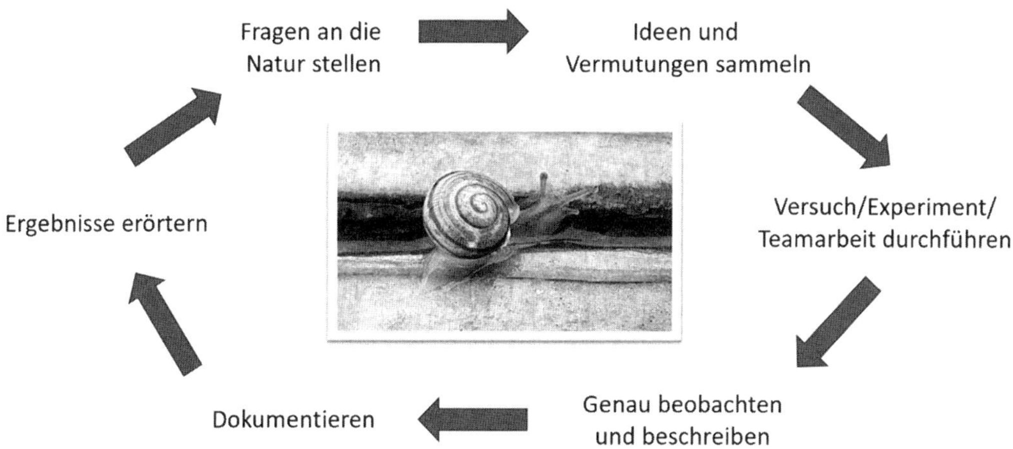

Abb. 22: Forschungskreislauf

Fragen einfordern

SchülerInnen beschäftigen sich oftmals mit spannenden (z. B. naturwissenschaftlichen) Fragestellungen, von denen die Lehrkräfte eventuell nichts mitbekommen. Diese Fragen liefern jedoch wichtige Informationen darüber, womit sich die SchülerInnen gedanklich beschäftigen, welche Erklärungen (z. B. für naturwissenschaftliche Phänomene) sie haben, welche Inhalte sie interessieren und wie ihre Lernwege gestaltet sind, daher empfiehlt es sich, derartige Fragen von den SchülerInnen einzufordern. So kann z. B. die SchülerInnenfrage „Hat der Mond auch ein Magnetfeld?“ der Lehrkraft wichtige Informationen darüber geben, welche SchülerInnen die Inhalte zum Thema „Magnetfeld der Erde“ verstanden haben.

Fragekultur

Insbesondere im Sachunterricht bietet es sich an, mit den Kindern eine Fragekultur zu etablieren, die es ermöglicht, spezifische Fragen produktiv (im Klassenverband oder auch in Einzelarbeit) zu bearbeiten.

Themen der SchülerInnen sichtbar machen

Die Fragen der Kinder können der Lehrkraft auch Hinweise darauf geben, bei welchen Themengebieten eine hohe Motivation zur Mitarbeit in der Klasse zu erwarten ist und sich alle SchülerInnen innerhalb ihrer Leistungsfähigkeiten einbringen können.

Gesellschaft für Information und Darstellung mbH (o.J.): Filme und Software für Schulen. In: www.gida.de, 03.03.2021

Siemens Stiftung (o.J.): Medienportal für den MINT-Unterricht. In: medienportal.siemens-stiftung.org/de/home, 03.03.2021

Sofatutor GmbH (o.J.): Mit Spaß lernen und Noten verbessern. In: www.sofatutor.de, 03.03.2021

2.3.1.1 Concept Cartoons

Die Idee, Concept Cartoons zu gestalten und im Unterricht einzusetzen, stammt von Naylor/Keogh (2000). Im Fokus eines solchen Cartoons steht ein naturwissenschaftliches Phänomen oder eine Fragestellung aus diesem Bereich.

naturwissenschaftliches Phänomen

So könnte im Winter nach dem Bau eines Schneemanns gefragt werden, ob dieser schneller schmilzt, wenn man ihm einen Mantel umlegt oder ob das Schmelzen dadurch verlangsamt wird. Viele Kinder gehen bei der Beantwortung dieser Frage von ihrem Alltagsverständnis aus: „Wenn mir kalt ist, ziehe ich eine Jacke an, dann wird mir wärmer. Also wird der Schneemann mit dem Mantel schneller schmelzen.“

Ein Concept Cartoon greift eine derartige Frage auf. Ein/e ProtagonistIn vertritt die entsprechende Alltagsvorstellung; die anderen dargestellten Figuren bieten ebenfalls mögliche Lösungen (in Sprechblasen) an. Die Nutzung weiterer (leerer) Sprechblasen empfiehlt sich z. B., wenn naturwissenschaftlich besonders interessierte SchülerInnen oder Kinder mit Hochbegabung in der Klasse sind, denn hier können ihre eigenen Lösungsideen Platz finden.

BEISPIEL

In einer vierten Klasse kam nach Deichbrüchen und Überschwemmungen in der Nachbarstadt die Frage auf, welche Art von Deich die beste wäre. Die Lehrerin fertigte einen Concept Cartoon zu dieser Frage an und integrierte die Äußerungen der SchülerInnen in die Gestaltung (Abb. 23). Die Kinder diskutierten sehr intensiv über die vorgeschlagenen Lösungsmöglichkeiten und bezogen in ihre Argumentation Erfahrungen aus

Urlauben am Meer mit ein. Rafael (Kap. 1.2.1.3) war mit keiner der vorgeschlagenen Lösungen einverstanden und benannte die jeweiligen Schwachstellen. Von ihm kam dann der Vorschlag, den Rat eines Deichbauexperten einzuholen oder einfach auszuprobieren, welche der vorgeschlagenen Möglichkeiten die beste ist.

Abb. 23: Concept Cartoon zum Thema Deichbau

Das Sammeln und Diskutieren von Lösungsvorschlägen ist eine sehr sprachintensive Phase des Arbeitens mit Concept Cartoons. Die Kinder beschreiben zunächst das dargestellte Phänomen in all seinen Facetten und mit möglichen Fragen, die dazu auftauchen.

Analogien und Vorwissen

Im nächsten Schritt können sie sich einer der vorgestellten Lösungen anschließen und sie mit Analogien aus ihrem Alltagsleben oder ihrem Vorwissen untermauern. Dabei lernen sie, ihre Ideen, Argumente und Gedankengänge so zu formulieren, dass sie von den anderen Gruppenmitgliedern verstanden werden. Dies stellt auch für Kinder mit Hochbegabung manchmal eine große Herausforderung dar. Die Cartoons bieten aber auch leistungsschwächeren SchülerInnen die Möglichkeit, sich zu beteiligen, indem sie sich z. B. der Aussage eines Protagonisten mehr oder weniger gut begründet anschließen. Insofern eignen sich Concept Cartoons gut für den Einsatz in heterogenen Lerngruppen.

heterogene Lerngruppen

Nach dem theoretischen Durchdenken und dem Aufstellen von Hypothesen folgt das Experimentieren oder Untersuchen. Im Beispiel wurden die verschiedenen Deichvarianten auf ausrangierten Backblechen mit hohem Rand nachgebaut und das Wasser mit den Händen gegen den Deich bewegt (Abb. 24).

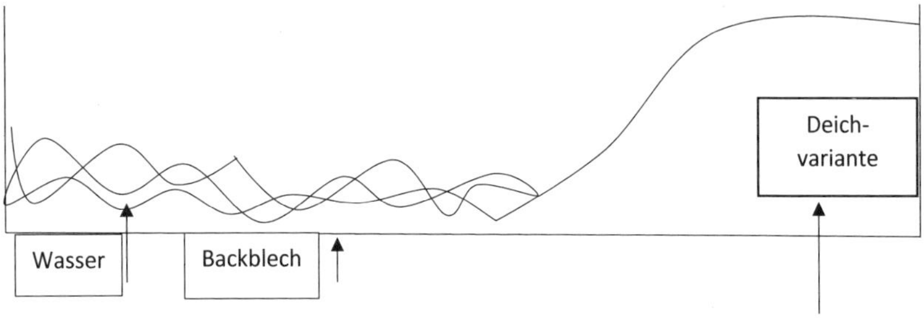

Abb. 24: Versuchsaufbau Deich

Rafael (Kap. 1.2.1.3) wies bei der Beobachtung darauf hin, dass nicht alle Kinder, die „Meereswellen" gegen den Deich bewegten, dies mit der gleichen Intensität machten. Er hatte bereits verstanden, dass bei der Planung eines Experiments die Einflussfaktoren systematisch konstant gehalten bzw. variiert werden müssen und nicht zwei Faktoren gleichzeitig verändert werden dürfen wie in diesem Fall die Art des Deiches und die Heftigkeit der anrollenden Meereswellen.

fächerübergreifender Unterricht

Da sich naturwissenschaftliche Phänomene nicht an Fachgrenzen halten, bieten Concept Cartoons gute Möglichkeiten, fachübergreifend zu arbeiten. Concept Cartoons sind sehr gut geeignet, um naturwissenschaftliche Grundbildung mit Sprachförderung zu verbinden (z. B. Barke et al. 2009).

Sprache ist vor allem in der Auseinandersetzung mit dem Cartoon, bei der Beschreibung des Phänomens, dem Suchen von Lösungsmöglichkeiten und dem Aufstellen von Hypothesen das zentrale Element, während bei den restlichen Stationen des Forschungsprozesses das Experiment und seine Ergebnisse im Vordergrund stehen (Kap. 2.3.1).

Concept Cartoons lassen sich mit vertretbarem Aufwand selbst konzipieren und damit passgenau auf die eigene Lerngruppe abstimmen. In englischer Sprache gibt es eine Vielzahl an fertigen Concept Cartoons zu den unterschiedlichsten Themen und zum Einsatz in verschiedenen Fächern (z. B.

Millgate House Education o.J), die bei Bedarf angepasst oder übersetzt werden können oder auch die Möglichkeit mit sich bringen, die englische Sprache zu involvieren.

Je vertrauter die SchülerInnen mit diesem Format sind, desto intensiver können die Diskussionen verlaufen und umso selbstständiger kann die Arbeit der Kinder sein.

2.3.1.2 Concept Maps

Eine Concept Map (auch Begriffsnetz genannt) bietet verschiedene Möglichkeiten, Zusammenhänge sichtbar zu machen und Vorwissen zu eruieren. Mit einer Concept Map können Wissensinhalte in überschaubarer Weise grafisch dargestellt werden. Um einen Schlüsselbegriff herum werden Begriffe hierarchisch und netzwerkartig logisch zusammengestellt. Dabei werden die Begriffe mit Pfeilen verbunden und die Pfeile mit einer Beschriftung versehen, die die Beziehung der jeweiligen Begriffe zueinander beschreibt. Concept Maps eignen sich besonders gut für den Sachunterricht, weil auf diese Weise Phänomene oder Vorgänge umfassend von unterschiedlichen Seiten aus beleuchtet werden können. Die Pfeile kennzeichnen Beziehungen wie z. B. Über- oder Unterordnungen oder Folgen, wobei die Art der Beziehung durch die Beschriftung der Pfeile verdeutlicht wird. Je ausführlicher die Concept Map, desto umfassender und differenzierter wird das Wissensnetz um den sachunterrichtlichen Gegenstand. Daher eignen sich Concept Maps auch gut, um das Wissen zu einem Thema zusammenzufassen und damit für einen Test zu lernen.

Die Darstellung von Zusammenhängen in einer Concept Map fördert zwei Techniken des vernetzten Denkens: das visuelle und das konzeptionelle Denken.

Das visuelle Denken setzt die Fähigkeit voraus, Sachverhalte und Beziehungen in einer grafischen Darstellung auszudrücken. Dabei werden im Vorfeld gemeinsam vereinbarte Zeichen und Symbole verwendet. Konzeptionelles Denken bezieht sich auf die Fähigkeit, bedeutungstragende Begriffe innerhalb eines Sachverhaltes anzugeben und Beziehungen zwischen den Begriffen zu verbalisieren. Für einen erfolgreichen Wissenserwerb und seine Verarbeitung sind diese zwei Arten des Denkens höchst förderlich (Dunker 2010).

Concept Maps bieten auch die Möglichkeit, subjektive Erkenntnisse sichtbar zu machen. Durch diese Subjektivität können Concept Maps zum gleichen Thema sehr unterschiedlich aussehen.

Beim Erstellen einer Concept Map bietet sich für die AutorInnen die Möglichkeit, die eigenen Konzepte wiederholt zu durchdenken. Zu lernen, selbstkonstruiertes Wissen darzustellen und zu reflektieren, nimmt eine Schlüsselrolle beim lebenslangen Lernen ein und kann helfen, den eigenen Lernprozess bewusster zu machen und ihn selbst zu steuern (Dunker 2010).

Concept Mapping eignet sich speziell für Kinder mit besonderen Begabungen, da sie einerseits meist über viel Vorwissen verfügen und andererseits mit der Anwendung der Mapping-Regeln nicht überfordert sind.

Concept Maps gehen über die Möglichkeiten einer Mind Map hinaus, da sie auch ein begriffliches Beziehungsgeflecht darstellen. Gerade auch ruhigeren, zurückhaltenderen SchülerInnen mit Hochbegabung kann die Erstellung einer Concept Map die Chance bieten, komplexe Zusammenhänge zu präsentieren und darüber mit anderen ins Gespräch zu kommen. Ihre Gedanken können „sichtbar" werden.

Concept Maps bieten verschiedene Einsatzmöglichkeiten im Unterricht und können an der Tafel, am interaktiven Whiteboard, mit Papierbögen und über Software wie Microsoft Powerpoint oder eine spezifische Software (z. B. CmapTools, Institute for Human & Machine Cognition 2021) entwickelt werden. Die Verwendung einer Software ist vorteilhaft, da hiermit Concept Maps als Dateien für die weitere Arbeit gespeichert und Veränderungen schnell vorgenommen werden können. Die Bedienung einer Concept-Mapping-Software gelingt den meisten Kindern nach kurzer Einarbeitungszeit recht gut.

Das Erstellen einer Concept Map durch SchülerInnen kann auch für die Erhebung des Vorwissens genutzt werden. Der Lehrkraft ist es dadurch möglich, sich effizient ein differenziertes Bild davon zu machen, welche Begriffe die Kinder kennen und in welchem Zusammenhang sie diese sehen.

Für das Verstehen eines Sachtextes zum Thema Laubfrosch und die Erstellung einer entsprechenden Concept Map (Abb. 25) bietet sich z. B. die folgende Vorgehensweise an, wenn analog mit Papier und Stiften gearbeitet werden soll:

- den Text lesen
- wichtige Begriffe markieren
- Concept Map erstellen (z. B. auf A3 Bogen)
  - wichtige Begriffe auf Klebekarten schreiben
  - Begriffe auf dem Blatt verteilen
  - Begriffe duch Pfeile verbinden
  - Pfeile beschriften

Die Wortkarten sollten nur Substantive enthalten, keine Sätze. Für die Pfeilbeschriftung ist es notwendig, dass auch dort keine vollständigen Sätze verwendet werden, sondern nur Verben mit Präpositionen (z. B. „lebt auf"), ggf. in Verbindung mit Adverbien (z. B. „lebt an fischfreien").

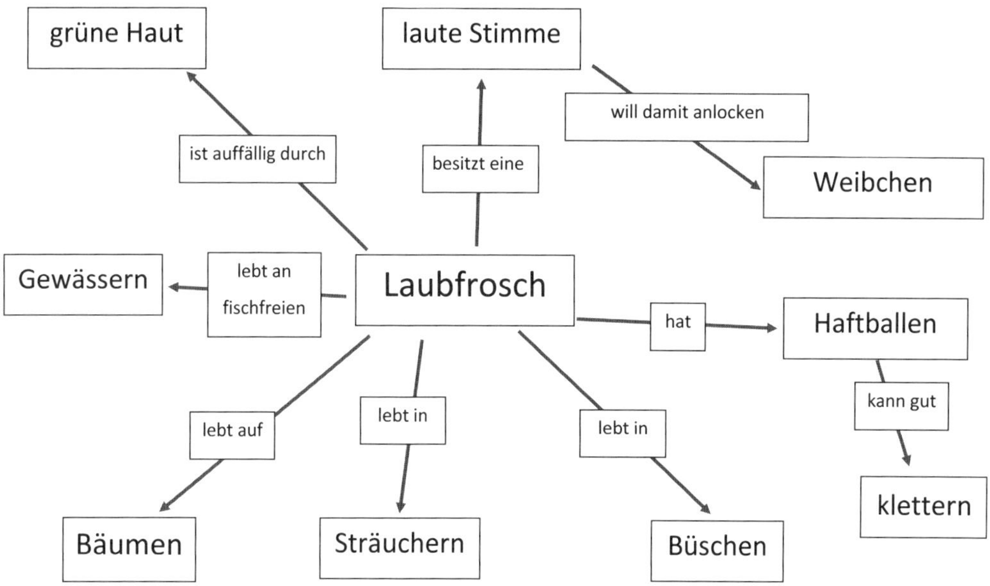

Abb. 25: Concept Map zum Laubfrosch

Die Erstellung einer Concept Map ist möglich

- mit der Klasse,
- mit einer Gruppe,
- als Einzelarbeit.

Concept Maps können auch zur Ergebnissicherung oder zur Vorbereitung auf eine Prüfung dienen.

Dunker, N. (2010): Concept Maps im naturwissenschaftlichen Sachunterricht. Didaktisches Zentrum, Oldenburg

Ihln, T. (2014): Concept Maps. In: blogs.uni-paderborn.de/fips/2014/11/26/concept-maps, 06.01.2021

2.3.2 Physik – Schiefe Ebene

Ein zentrales Merkmal von Versuchen und Experimenten ist, dass bei jedem Forschungsschritt nur eine Variable geändert wird. Bei der zeitgleichen Veränderung mehrerer Variablen ist es schwierig, Effekte eindeutig auf eine der Variablen zurückzuführen.

Variablen verändern

Durch Diskussion von Variablenveränderungen ist es zusätzlich möglich, mit den Kindern Forschungsfragen bzw. Hypothesen zu entwickeln: „Was passiert, wenn wir die Variable X verändern?“ oder „Wenn wir X verändern, passiert …“. So kann im Vorfeld der Versuchsdurchführung schon von den Kindern diskutiert werden, ob die Variablenänderung ein neues Ergebnis vermuten lässt und ob in diese Richtung weitergedacht werden sollte. Dieses selbstständige Herausfinden und Entwickeln potenzieller, angemessener Variablen ermöglicht den SchülerInnen zunehmend, auch selbstständig eigene Fragestellungen zu erforschen (Grygier/Hartinger 2009).

Für Kinder ist es oft sehr reizvoll, ausgehend von einem Basisversuch mögliche Variablen herauszufinden und damit ein Experiment zu entwickeln. Besondere Chancen bietet diese Vorgehensweise für die jeweilige Dokumentation der Experimente. So können die Ergebnisse von Versuchsreihen sehr gut als Zeichnungen oder in Tabellen notiert werden. Im Folgenden wird dies am Beispiel des Experiments „Schiefe Ebene“ veranschaulicht. Weitere Beispiele finden Sie im Onlinematerial.

BEISPIEL

Schiefe Ebene

Kurzbeschreibung des Basisversuchs: Ein Spielzeugauto soll an einem Gummiband eine schiefe Ebene hochgezogen werden. Der Gummi fungiert dabei als quantitativer Kraftmesser. Je steiler die Ebene ist, umso mehr Kraft ist nötig, den Wagen hochzuziehen. Der Gummi dehnt sich also stärker aus, je steiler die Ebene ist.

Erklärung: Die Zugkraft, die an der schiefen Ebene zum Festhalten des Spielzeugautos verwendet wird, entspricht der Hangabtriebskraft.

Für diesen Versuch wird folgendes Material benötigt:

- ebene Fläche (z. B. Holzbrett)
- Bücher
- Spielzeugauto
- Gummiband
- Lineal

Die Versuchsdurchführung funktioniert folgendermaßen:
Ein Brett o.Ä. wird so aufgestellt, dass es mit Hilfe der Bücher im Verlaufe der Durchführung in eine steilere Position gebracht werden kann. Das Auto wird jeweils in den verschieden steilen Positionen mit dem Gummiband gehalten (Abb. 26). Die Dehnung des Gummibands wird mit dem Lineal gemessen.

Abb. 26: Schiefe Ebene

Mögliche Variable in diesem Versuch:
Steilheit der Ebene bzw. Anzahl der Bücher (für die Ebenenschräge).
Forschungsfrage: Wie lang wird der Gummi jeweils gezogen, wenn ich die Ebene um ein Buch steiler stelle?
Mögliche Aktivitäten: Die SchülerInnen können den Versuch in Gruppenarbeit durchführen und die Ergebnisse in einer Tabelle dokumentieren (Tab. 6). Die Neigung der Ebene kann durch vorgefertigte Winkelmesser von den Kindern eingestellt werden. Wenn Autos und Gummibänder für alle Gruppen gleich sind, ist es möglich, die Gruppenergebnisse zu vergleichen.

Anzahl der Bücher	Länge des Gummibandes
2	3 cm
3	4 cm

Tab. 6: Dokumentationsbeispiel Schiefe Ebene

Grygier, P., Hartinger, A. (2009): Gute Aufgaben Sachunterricht. Cornelsen Scriptor, Berlin

Hiebl, P. (2005): Naturwissenschaften in der Grundschule. Schwerpunkte Chemie und Physik. Experimente mit fachlichem Hintergrund und Anregungen zur praktischen Umsetzung. Akademie für Lehrerfortbildung und Personalführung, Dillingen

2.3.3 Chemie – Farbwunder Rotkohl

Fragestellungen im Bereich Chemie begegnen uns alltäglich zu Hause in der Küche. Ob es Zwiebeln sind, die je nach Bräunungsgrad unterschiedlich schmecken, der Geschirrspüler oder der schwarze Tee mit einem Spritzer Zitrone – überall sind chemische Prozesse im Gang.

Schwarztee als Indikator

Beim Tee kann man es unmittelbar sehen: Der Spritzer Zitrone verändert die Farbe, der Tee wird heller. Kinder mit Hochbegabung und bzw. oder besonderem Interesse an naturwissenschaftlichen Fragestellungen wollen oft den Grund für solche Phänomene wissen. Hier lassen sich erste kleine Experimente durchführen: Liegt der Farbumschlag vielleicht daran, dass der Tee durch die Zitrone verdünnt wurde? Diese Hypothese kann leicht überprüft werden, indem die Kinder etwas Wasser zum Tee geben. Hierbei ändert sich die Farbe jedoch nicht in dem Ausmaß. Werden Kinder im Unterricht gefragt, welche Eigenschaft die Zitrone hat, die sie von Wasser unterscheidet, nennen sie bald die Säure. Ob die Säure den Farbumschlag verursacht, lässt sich einfach überprüfen, indem der Tee z.B. mit etwas Essig versetzt wird. Auch hier ist der Farbumschlag sichtbar. Schwarztee reagiert also als Indikator (Anzeiger) für Säuren.

Rotkohlsaft herstellen

Deutlich effektvoller sind Experimente mit Rotkohl (oder auch Blaukraut). Er ist ein guter Indikator für Säuren und Basen (Laugen). Für die Versuche wird Rotkohlsaft gebraucht. Dieser lässt sich leicht mit den Kindern gemeinsam herstellen. Dazu werden die äußeren Blätter eines Kopfes Rotkohl mit einer Schere oder einem Messer in Streifen geschnitten und kurz mit Wasser aufgekocht oder mit kochendem Wasser übergossen und nach dem Erkalten durch einen Filter abgegossen. Der gewonnene Rotkohlsaft lässt sich gut einfrieren und steht so bei Bedarf auch außerhalb der Rotkohlzeit zur Verfügung.

TIPP

Sicherheitshinweis: Die Lehrkraft sollte bei allen Experimenten auf mögliche Gefahren z. B. im Umgang mit Messern oder kochendem Wasser hinweisen und ggf. gefahrlosere Alternativen nutzen. In der Regel darf beim Experimentieren weder gegessen noch getrunken oder etwas probiert werden. Eine Ausnahme bilden lediglich Experimente zur Geschmackswahrnehmung.

BEISPIEL

Farbwunder Rotkohl
Für die Versuche mit Rotkohl werden Materialien benötigt, die im Haushalt zu finden sind:

- Rotkohlsaft
- Reagenzgläser (oder Wassergläser)
- Pipetten (oder Teelöffel)
- unterschiedliche Säuren (Zitronensäure, Essigsäure)
- verschiedene Laugen (Natron, Waschmittel, Geschirrspülmittel, jeweils in Wasser gelöst)
- Zucker

Versuch 1:
Fülle in jedes Glas die gleiche Menge Rotkohlsaft. Gib in das erste Glas etwas Zitronensaft, in das zweite Glas etwas Essig, etc. Lasse ein Glas übrig, in das zum Rotkohlsaft nichts weiter hinzugefügt wird. Was kannst du beobachten?
Ergebnis: Der Rotkohlsaft zeigt je nach zugefügter Substanz einen eindrucksvollen Farbumschlag. Bei Säuren wird der Saft rot, bei Laugen grün oder gelb.
Kinder mit Hochbegabung oder besonderem Interesse an Naturwissenschaften wollen es oft noch genauer wissen. Sie fragen, was passiert, wenn die Säuren oder Laugen unterschiedlich konzentriert sind. Auch dies lässt sich einfach untersuchen.

Versuch 2:
Fülle fünf Reagenzgläser jeweils zu einem Drittel mit Essig-Essenz. Gib in das zweite Glas 1 ml Leitungswasser, in das dritte Glas 2 ml Leitungswasser etc. Füge nun jeweils etwas Rotkohlsaft hinzu. Was kannst du beobachten?

Der gleiche Versuch lässt sich auch mit unterschiedlich stark konzentrierten Laugen durchführen. Ergebnis: Je niedriger der ph-Wert, d.h. je stärker die Säure, desto intensiver ist der Farbumschlag von blau über lila zu rot. Je höher der ph-Wert, d.h. je stärker die Lauge, desto intensiver ist der Farbumschlag von blaugrün über grün bis zu grünlich-gelb. Der Farbumschlag ist beim Versuch mit den Laugen noch effektvoller als mit den Säuren. Verblüffend für die Kinder ist häufig, dass das gelöste Pulver für die Geschirrspülmaschine eine sehr starke Lauge ist.
Fast immer kommt von den Kindern die Frage: „Dürfen wir jetzt die Säuren und Laugen mischen?"

Versuch 3:
Nimm aus einem der vorigen Versuche ein Glas mit einer Säure und Rotkohl (rote Färbung). Füge nach und nach eine Lauge (grüne oder gelbe Färbung) hinzu. Beobachte, was passiert.
Ergebnis: Durch die zugefügte Lauge wird die Säure neutralisiert. Die Lösung färbt sich lila (oder kippt ins Basische).
Das nächste Experiment sorgt manchmal auch bei Erwachsenen für Zweifel an den eigenen Fähigkeiten.

Versuch 4:
Stelle aus Zitronensaft und Wasser eine saure Lösung her. Gib etwas Rotkohlsaft hinzu, bis du einen deutlichen Farbumschlag siehst. Füge etwas Zucker hinzu. Welches Ergebnis erwartest du?
Ergebnis: Die meisten Kinder (und auch Erwachsene) vermuten, dass die Lösung bei Zuckerzugabe wieder lila oder auch grün wird, je nach hinzugefügter Zuckermenge. Sie gehen von der Alltagsvorstellung aus, dass das Gegenteil von sauer eben süß ist. Dementsprechend versuchen sie, durch die Zugabe von immer mehr Zucker einen Farbumschlag zu erreichen. Eine Säure lässt sich aber nur durch eine Lauge neutralisieren.

Eine Klasse fühlte sich durch die „Zaubereien" mit Rotkohlsaft so inspiriert, dass sie unter Leitung von Mathilda (Kap. 1.2.1.1) eine kleine Zaubershow einübte, die sie mit einigen MitschülerInnen auf einer Assembly vorführte.

2.3.4 Biologie – Verhaltensbeobachtungen bei Asseln

Versuche mit Asseln

Innerhalb des Sachunterrichtes bietet das Fach Biologie viele Themen, die aus dem Erfahrungsraum der SchülerInnen stammen. Beispielhaft werden hier Versuche mit Asseln vorgestellt (Hellberg-Rode o.J.). Kellerasseln sind den meisten Kindern bekannt, werden aber oft zu Unrecht als Ungeziefer betrachtet. Je nach eigenen Vorerfahrungen begegnen Kinder diesen Tieren mit mehr oder weniger großen Vorbehalten. Die Erfahrung zeigt aber, dass etwaige Scheu oder Abneigung im handelnden Umgang verschwindet und die Kinder die Tiere, die sie zunächst nur mit einer Pinzette hochnehmen wollten, am Ende auf ihren Händen krabbeln lassen.

Umgang mit Tieren

Asseln sind Lebewesen. Wie bei allen anderen Versuchen mit Tieren gilt auch hier, dass die Tiere mit Vorsicht und Respekt zu behandeln sind. Asseln sind leicht zu finden und benötigen für ihre Zeit im Klassenraum eine Umgebung, in der sie sich wohlfühlen können. Nur so zeigen sie bei Versuchen auch ihr natürliches Verhalten. Am einfachsten können sie in einer Eisbox oder einem Blumentopf gehalten werden, die bzw. der mit feuchter Komposterde gefüllt und abgedeckt ist. Als Versteckmöglichkeiten werden darauf kleine Holzstückchen, Rinde oder kleine Steine sowie halb zersetzte Laubblätter und Stückchen roher Kartoffeln als Nahrung verteilt. Für die Verhaltensversuche nehmen die Kinder die Versuchstiere aus diesem Terrarium und setzen sie nach dem Versuch wieder dorthin zurück. Nach Abschluss der Versuchsreihen werden die Asseln wieder dorthin zurückgebracht, wo sie ihrem Lebensraum entnommen wurden.

BEISPIEL

Verhaltensbeobachtungen bei Asseln
Zunächst entnehmen die SchülerInnen ein einzelnes Tier mit einer Federstahlpinzette oder einem Teelöffel, um es genau zu betrachten und Einzelheiten zu Körperbau und Farbe festzuhalten. In der Literatur findet man teilweise den Hinweis, dass man die Tiere leichter beobachten kann, wenn man ein aus Klebefilm hergestelltes Röllchen auf dem Rücken des Tieres festklebt, so dass die Bewegungsfreiheit eingeschränkt ist. Wir haben damit keine guten Erfahrungen gemacht, da es nur selten gelingt, die Tiere wieder unversehrt vom Klebefilm zu befreien. Besser geeignet ist die Beobachtung mit einer Becherlupe, in einer Petrischale oder einem Marmeladenglasdeckel. Mit etwas Glück lassen sich hier auch schon Eier oder Larven im Beutel des Muttertieres entdecken.

Versuch 1: Mögen Asseln es lieber feucht oder trocken?
Vor dem eigentlichen Versuch formulieren die SchülerInnen ihre Vermutung und begründen sie.
Vorbereitung: In eine Petrischale werden zwei Halbkreise aus Filterpapier so gelegt, dass dazwischen ca. 1 cm Platz bleibt. Ein Filterpapier bleibt trocken, das andere wird mit Wasser angefeuchtet.
Durchführung: Das Kind setzt nun ca. zehn Asseln in die Mitte zwischen den beiden Filterpapieren (Abb. 27). Über eine Gesamtdauer von fünf Minuten wird jede Minute gezählt, wie viele Tiere sich auf dem trockenen und wie viele sich auf dem feuchten Papier befinden (die Lehrperson oder ein Kind geben das Zeitsignal).
Auswertung: Die Auswertung geschieht mit der ganzen Lerngruppe. Kinder mit Hochbegabung können evtl. den Mittelwert für die Anzahl der Tiere auf trockenem bzw. feuchtem Papier ausrechnen.

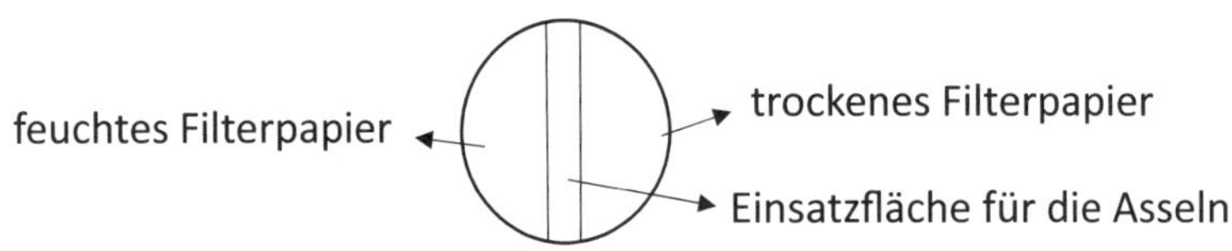

Abb. 27: Versuch mit Asseln

Versuch 2: Mögen Asseln lieber Licht oder Dunkelheit?
Auch hier formulieren die Kinder zunächst ihre Vermutung und begründen sie.
Vorbereitung: Eine Petrischale wird zur Hälfte mit schwarzem Tonpapier eingekleidet (Deckel und Schale mit Rand).
Durchführung: Ca. zehn Asseln werden auf die Grenze zwischen Hell und Dunkel in die Schale gesetzt. Jede Minute (die Lehrperson oder ein Kind geben das Zeitsignal) wird gezählt, wie viele Tiere sich im hellen bzw. dunklen Teil der Petrischale aufhalten.
Die Auswertung erfolgt wie bei Versuch 1.

Versuch 3: Können Asseln riechen?
Auch hier formulieren die Kinder zunächst ihre Vermutung und begründen sie.
Vorbereitung: Die SchülerInnen stellen je eine wässrige Lösung z.B. mit Senf, Essig und Honig her.
Durchführung: Kleingruppen von Kindern setzen je eine Assel in eine Petrischale und führen dann vorsichtig ein mit einer der Lösungen getränktes Wattestäbchen an die Assel heran. Um Verletzungen zu vermeiden, sollte

die Assel dabei nicht berührt werden. Die Kinder beobachten, ob sich die Assel vom Wattestäbchen abwendet oder nicht. Jeder Assel werden alle Lösungen nacheinander vorgehalten. Die Kinder können die Versuche mit mehreren Asseln durchführen. Die genaue Anzahl ist nicht vorgegeben. So entstehen belastbarere Ergebnisse, als wenn Versuche mit nur einer Assel durchgeführt werden.
Die Auswertung erfolgt wieder gemeinsam in der Lerngruppe.

Versuch 4: Was fressen Asseln?
Für diesen Versuch legen die Kinder z. B. Kartoffel- und Möhrenstückchen, frische und angerottete Laubblätter in ihr Asselterrarium und schauen jeden Tag nach, wovon die Tiere etwas gefressen haben. Hier kann eine Handy- oder Tabletkamera hilfreich sein, mit der der Zustand der Nahrungsangebote jeden Tag dokumentiert wird.

Arbeitsblätter zu den oben genannten Versuchen sind z. B. bei Hellberg-Rode (o. J.) zu finden:

Hellberg-Rode (o. J.): Experimente und Versuche mit Asseln. In: hypersoil.uni-muenster.de/1/03/13htm, 14.03.2021

weiterführende Versuche

Einige Kinder mit Hochbegabung wollten über diese Versuche hinaus noch herausfinden, ob Asseln sich in einem Labyrinth zurechtfinden, wenn sie zur Belohnung etwas Futter bekommen, und wie steil eine Begrenzung sein muss, damit die Tiere aus einem Gefäß nicht herauskommen. Aufgrund der vielfältigen Differenzierungsmöglichkeiten eignet sich diese Versuchsreihe gut für den Einsatz in heterogenen Lerngruppen.

2.3.5 Informatik – Programmieren mit Lego-WeDo

„Die Vision von einem guten Informatikunterricht ist vor allem – wie bei jedem guten Unterricht – dadurch gekennzeichnet, dass er den Lernenden Raum bietet für intellektuelle Abenteuer und bereichernde soziale Erfahrung, für praktisches Handeln und konkrete Erkenntnisse, kurz: für offene, aber beantwortbare Fragen und für das Leben, so wie es ist“ (Arbeitskreis Bildungsstandards 2008, 1).

Besonders für Kinder mit Hochbegabung bietet Informatik viele Möglichkeiten, hochkomplexe Aufgaben zu entwickeln und Lösungen dafür zu

finden. Im Bereich des Programmierens haben sie die Möglichkeit, z. B. mit Lego-Modulen digitale Geräte zu bauen und zu steuern.
Die Kinder lernen dabei, zunehmend selbstbestimmt digitale Medien zu nutzen und lernen die zugrunde liegenden Informatiksysteme kennen.
Bei der Arbeit mit Lego WeDo 2.0 (Lego Education o. J.) lernen die Kinder z. B.

- in einer Software menügeführt Lego-Figuren mit Lego-Steinen, Motoren und Sensoren zu bauen,
- die Lego-Figuren mit einer einfachen Programmierumgebung per Drag&Drop-Funktion zu programmieren,
- selbst erdachte Figuren zu bauen und zu programmieren,
- eine intuitive Programmierumgebung exemplarisch kennen.

Alle hierfür benötigten Materialien befinden sich in einer Box (dem sogenannten Lego WeDo 2.0 Set). Jeweils zwei SchülerInnen können mit einem solchen Set arbeiten.

Die entsprechende Software kann kostenlos auf der Homepage von Lego Education (o. J.) heruntergeladen werden (Literaturtipp). Für den Unterricht mit Lego WeDo 2.0 ist Folgendes notwendig:

- ein PC/Laptop mit USB-Anschluss oder Bluetooth für jeweils zwei SchülerInnen beim menügeführten Grundkurs
- Installation der WeDo-Software auf allen Rechnern
- ein WeDo-Materialkasten für jeweils zwei Kinder
- ein Ersatzteil-Materialkasten

Voraussetzung für die Arbeit mit Lego WeDo 2.0 ist, dass die Kinder am Computer die Grundfunktionen beherrschen (z. B. Computer anschalten, Programme öffnen und schließen, Programm bedienen, Bluetooth-Verbindung herstellen).

SchülerInnen als ExpertInnen

SchülerInnen mit besonderen Begabungen können sich bei der Arbeit mit Lego WeDo 2.0 z. B. in folgenden Bereichen einbringen:

- Sie arbeiten sich vorab in Software und Baupläne ein.
- Sie stellen den MitschülerInnen das Programm vor.
- Sie geben MitschülerInnen Hilfestellung.
- Sie beraten Gruppen für weitere Schritte.
- Sie erarbeiten in der Gruppe komplexere Aufgabenstellungen (z. B. aufwendige Programmierungen), kümmern sich um die Technik, um Strategien zum konkreten Vorgehen, um Problemlösungen oder den Umgang mit Computern.

Weitere praxisnahe Informationen zu den Möglichkeiten und zur Verwendung von Lego WeDo 2.0 in der schulischen Praxis finden sich auf der Homepage von Lego Education (o. J.).

Zum Thema Tablets im Unterricht wurde 2018 ein Heft der Reihe Sachunterricht Weltwissen herausgegeben (Literaturtipp).

Lego Education (o. J.): WeDo 2.0 Set. In: education.lego.com/de-de/products/lego-education-wedo-2-0-set/45300#wedo-20-set, 09.03.2021

Mehr als wischende Finger. Sachunterricht Weltwissen 1/2018. Westermann, Braunschweig

3 Förderung von Kindern mit Hochbegabung im Rahmen von Arbeitsgemeinschaften

3.1 Allgemeines

Arbeitsgemeinschaften (AGs) bieten Kindern und Lehrkräften die Möglichkeit, sich mit Themen zu beschäftigen, die über die vorgegebenen Unterrichtsinhalte hinausgehen. Ganztagsschulen haben AGs zu verschiedenen Themen oft im Nachmittagsangebot verankert. Die Kinder können je nach Interesse ihre AG auswählen. Da dort häufig Kinder aus verschiedenen Klassen zusammentreffen und gemeinsam arbeiten, können oft wertvolle soziale Erfahrungen gesammelt werden.

3.2 ForscherInnenteam

SchülerInnen sind umgeben von technischen Geräten. Sie nutzen Technik und haben oftmals ein besonderes Interesse, ihre technische Umwelt genauer zu hinterfragen.

Papierbrücken bauen

In einer Brückenbau-AG geht es darum, dass die Kinder handelnd technische Fragestellungen bearbeiten können. Ihre Aufgabe ist es, stabile Brücken aus Papier zu bauen (d. h. die Brücken müssen standfest und tragkräftig sein). Dabei dürfen sie beim Bauen auch Irrwege gehen und bei Bedarf neue Konstruktionen in Angriff nehmen. Die selbst gebauten Brücken können Modelle für echte Brücken sein. Die Kinder können damit Konstruktionsweisen vergleichen, unterschiedliche Bauweisen erkennen und diskutieren.

Ausgangslage kann eine von der Lehrkraft vorgestellte Brücke sein, die aus zwei Klötzen und einem DIN-A4-Papierblatt besteht. Ein Modellauto wird auf diese Konstruktion gestellt. Da diese Brücke nicht stabil genug ist, bricht sie ein, sobald das Spielauto in die Mitte der Fahrbahn gestellt wird. Diese schlechte Konstruktion und ihre Wirkung werden besprochen und dabei die ersten Fachbegriffe eingeführt (z. B. Brückenträger, Pfeiler).

offene Aufgabe stellen

Die Aufgabe an die Kinder könnte lauten: „Baut in Gruppen eine gute Brücke. Verwendet nicht mehr als zehn Blatt Papier und verwendet nur einen Klebestift".

In dieser ersten Bauphase entstehen verschiedene Brücken, die von den Gruppen vorgestellt werden. Die MitschülerInnen stellen Fragen zu den Brücken. Es werden gelungene Elemente der gebauten Brücken herausgestellt. Damit ist es den Gruppen möglich, in einer zweiten Bauphase ihre Konstruktionen zu optimieren.

Zentrales Ziel der ersten Reflexionsphase ist es, dass die Kinder erkennen, dass ein ungenauer Begriff wie „gute Brücke" nicht geeignet ist, um die gebauten Papierbrücken richtig miteinander zu vergleichen. Es müssen andere Kriterien herangezogen werden, um eine Vergleichbarkeit herzustellen. In der Praxis konnten einige SchülerInnengruppen schon stabile Fahrbahnkonstruktionen bauen, die aus Kasten-, U- oder Zickzackprofilen bestanden.

vergleichbare Kriterien erarbeiten

Gemeinsam werden nun vergleichbare Elemente der Bauaufgabe herausgesucht. Diese könnten u. a. sein:

- Form der Brücke
- Länge der Fahrbahn
- Höhe der Pfeiler
- Abstand der Pfeiler
- Tragkraft der Brücke
- Gewicht des Spielzeugautos
- Zeitspanne, wie lange die Brücke das Spielauto auf der Fahrbahn tragen muss
- Profil der Fahrbahn (z. B. Kastenprofil, Zickzackprofil)

Kindern mit Hochbegabung fällt die Erarbeitung dieser Elemente aufgrund ihrer Stärke im Analysieren oft leicht.

Nun kann mit vergleichbaren Kriterien eine neue Aufgabenstellung für die Gruppenarbeit erstellt werden. Möglich wäre z. B. diese Aufgabe für alle Gruppen: „Baut eine Brücke aus höchstens zehn Blatt Papier. Die Fahrbahn muss mindestens 10 cm lang sein. Die Brücke soll das rote Spielzeugauto mindestens eine Minute tragen können. Die Fahrbahn soll im Kasten- oder Zickzackprofil gebaut sein."

In der folgenden Phase bauen die Gruppen die Brücken nach den neuen Vorgaben. Bei der genannten Aufgabenstellung ist es wahrscheinlich, dass viele Gruppen ihre Brücken innerhalb eines Zeitfensters erfolgreich bauen können.

dokumentieren

Nach der Ergebnispräsentation werden die Brücken verglichen. Die Erstellung einer Dokumentation des Vergleichs (z. B. als Tabelle) könnte eine weitere Aufgabe (z. B. für Kinder mit guter Auffassungsgabe) sein. Je nach Möglichkeit können die Kinder in den ForscherInnenteams weiteren Fragestellungen und Bauvohaben zum Thema „Brücken“ nachgehen und Modelle bauen, z. B.:

- stabile Bauweise eines Brückenpfeilers
- Bau und Vergleich unterschiedlicher Brückenarten (z. B. Hängebrücke, bewegliche Brücken)

Möller, K. (2009): Brücken und was sie stabil macht. Spectra, Essen
Zolg, M. (2008): Achtung: Baustelle! Weltwissen Sachunterricht (3), 4–5

3.3 ErfinderInnenwerkstatt

Programmieren mit dem „Calliope mini“

In der Calliope-mini-AG können sich die Kinder mit Informatik und Informatiksystemen auseinandersetzen und lernen systematisch informatorische Prinzipien und Methoden kennen. Wenn sie ein gewisses Grundverständnis entwickelt haben und die notwendige Technik beherrschen, können sie an eigenen kleinen Projekten arbeiten. Technisches Kernstück dafür ist der Microcontroller „Calliope mini“ (Abb. 28).

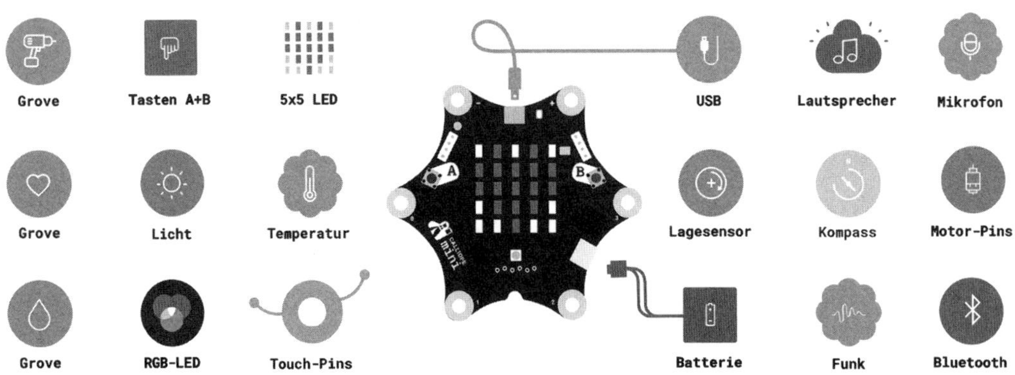

Abb. 28: Bestandteile des Calliope mini (Calliope gGmbH 2021a)

Der Calliope mini ist ein Microcontroller, der für GrundschülerInnen entwickelt wurde und der über USB oder Bluetooth an den Computer angeschlossen werden kann. Da der Calliope mini nur mit schwachen Strömen arbeitet, kann er gefahrlos in die Hand genommen werden, vor Wasser sollte er jedoch geschützt sein. Ist er nicht über USB an einen Computer angeschlossen, benötigt er Strom über eine Batteriebox.

Mikrocontroller für die Grundschule

Der Calliope mini ist u. a. ausgerüstet mit mehreren LEDs, Sensoren für Lage und Bewegung, Licht und Temperatur und einem kleinen Lautsprecher. Er kann u. a. so programmiert werden, dass er z. B. mit dem Lautsprecher Musik spielt oder mit den 25 LEDs u. a. Bilder, Zahlen und Buchstaben anzeigen kann. Durch den Bewegungssensor kann er z. B. als Schrittzähler programmiert werden und dank des Temperatursensors kann er bei bestimmten, zuvor eingestellten Temperaturen einen Warnton abgeben. Der Calliope mini ist sehr einfach zu bedienen.

Die Materialien für die SchülerInnen sind in der Regel in Modulen aufgebaut, die die Kinder nach einer Einführungsphase selbstständig nutzen können. Dies bietet auch Kindern mit besonderen Begabungen Anreize, da sich zunehmend komplexe Programmieraufgaben entwickeln lassen. Dabei ist eine hohe Motivation und Anstrengungsbereitschaft gefordert, da es zunächst um das genaue Nachvollziehen von kleineren Schritten geht, die exakt in der vorgegebenen Reihenfolge zu bearbeiten sind. Im Internet gibt es viele verschiedene Materialien und Aufgaben (Literaturtipps). Für Kinder mit Hochbegabung bietet die Arbeit mit dem Calliope mini Chancen, zu eigenen Interessensgebieten Programmieraufgaben zu entwickeln, dazu Programme zu schreiben und damit Mikrocontroller und Maschinen zu steuern, wie z. B. den „Calli:bot“. Dabei handelt es sich um ein Auto, das mit verschiedenen Sensoren wie Licht und Ultraschall-Distanzerkennung ausgerüstet ist und z. B. so programmiert werden kann, dass es selbstständig auf einem schwarzen Streifen fährt und bei Hindernissen einen anderen Weg nimmt.

Entwicklung eigener Lösungsstrategien

Bei komplexen Aufgaben gehen die Kinder so vor wie InformatikerInnen:

- Analysieren der Aufgabe
- Entwerfen einer Schrittfolge
- Programmieren
- Anwenden
- Weiterentwickeln

Programmieren leicht gemacht

Die kindgerechte Programmierung wird durch Editoren oder direkt über die Calliope mini App vorgenommen. Weitere gut aufbereitete Informationen zur Verwendung des Calliope mini in der Grundschule finden sich in den Literaturtipps.

Calliope gGmbH (2021b): CALLIOPE MINI – DER KLEINE COMPUTER FÜR GROSSE IDEEN! In: www.calliope.cc, 09.03.2021

Kind-Wissen-Zukunft e. V. (2019): Calliope Mini – Ein Handbuch für Grundschulen. In: calliope.cc/schulen/schulmaterial, 09.03.2021

Nenner, C., Jarosch, S. (o. J.): Informatische Grundkompetenzen ermöglichen mit dem Calliope mini. Modulhandbuch. In: tu-dresden.de/ing/informatik/smt/ddi/ressourcen/dateien/eduinf/Calliopemini_Modulhandbuch.pdf?lang=de&set_language=de, 09.03.2021

3.4 Schach

Schach ist ein gutes Beispiel für ein Regelspiel, bei dem das Gewinnen weniger vom Zufall abhängt als vom eigenen Können. Beim Schachspiel stehen die Kinder in jeder Partie vor einer Reihe von Herausforderungen und spielbestimmenden Entscheidungen, die sie bei jedem Zug neu treffen müssen.

räumliches Vorstellungsvermögen

Hierfür müssen sie das Muster der Figuren auf dem Brett erkennen und analysieren (räumliches Vorstellungsvermögen), wobei sie optimalerweise auf Informationen aus dem Langzeitgedächtnis zurückgreifen (z. B. aus bereits gespielten Partien).

Perspektivwechsel

Um die möglichen Konsequenzen ihres Zuges vorherzusehen, nehmen die SpielerInnen immer wieder einen Perspektivwechsel vor und wägen die Vor- und Nachteile ihres Zuges ab. Auf Basis dieser Analyse werden Entscheidungen über den nächsten Zug getroffen.

logisches Denken

Neben Ausdauer und Konzentration ist beim Schach auch logisches Denken gefordert (Bönsch-Kauke 2008). Beim Schachspielen ist es ebenso wichtig, unter Zeitdruck ruhig zu bleiben, was auch für spätere Leistungs- und Prüfungssituationen von Vorteil ist.

Binnendifferenzierung

Da sich Schach auf ganz unterschiedlichen Niveaus spielen lässt (sowohl gegen reale GegnerInnen als auch gegen einen Computer), ist eine Binnendifferenzierung gut zu leisten. LehrerInnen können im Internet zudem eine Fülle an Informationen rund um das Schachspiel mit SchülerInnen sowie

Fortbildungsmöglichkeiten für Lehrkräfte finden. So können Anfänger auf der Internetseite der Lichess.org (o.J.) kostenfrei die Grundzüge einzelner Figuren beim Schach üben und bekommen Feedback (Literaturtipp). Fortgeschrittenere SpielerInnen können anhand kleiner vorgegebener Schachprobleme trainieren, welcher der beste Zug ist, um in eine gute Position zu gelangen.

Auch die Deutsche Schachstiftung e.V. (o.J.) hält verschiedene Angebote bereit. Hier können Lehrkräfte im Schulschachpatentlehrgang lernen, wie man Kindern das Schachspiel beibringt (Pfann 2019). Ein komplettes Curriculum „Schach" stellt das „Pilotprojekt Schach im Unterricht der Bremer und Bremerhavener Grundschulen" (Das erste Buch e.V. o.J.) im Downloadbereich zur Verfügung.

Das erste Buch e.V. (o.J.): Schach macht schlau! Schach im Unterricht – ein Pilotprojekt an Bremer und Bremerhavener Grundschulen. In: schachmachtschlau.de, 09.03.2021

Lichess.org (o.J.): Lerne Schach indem du spielst. In: lichess.org/learn, 09.03.2021

Pfann, E. (2019): Wie bringe ich Schülern Schach bei? In: schachtraining.de/wie-bringe-ich-schuelern-schach-bei/, 09.03.2021

3.5 Literaturwerkstatt

Viele Kinder mit Hochbegabung lesen sehr gerne und so bietet sich als AG eine Literaturwerkstatt an, wie sie an einigen Grundschulen etabliert ist. Hier kann z.B. ein bestimmtes Buch gemeinsam gelesen werden. Bei der Auswahl des Lesestoffs kann sich die Lehrkraft z.B. an den Listen der Kinder- und Jugendliteraturpreise orientieren und bzw. oder die Interessensgebiete der Kinder erfragen und entsprechende Literatur auswählen. In einem ersten Schritt lassen Cover und Titel des Buches über den Inhalt spekulieren.

Stationenarbeit

Die weitere Arbeit mit dem Buch kann in Form einer Stationenarbeit stattfinden, wobei es eine Station geben kann, bei der die SchülerInnen ihre eigenen Ideen zum Umgang mit dem Text verfolgen dürfen. Am Ende einer Lese- und Arbeitsphase sollten alle SchülerInnen wieder zusammenkommen und über das berichten, was sie gemacht haben, was ihnen besonders im Gedächtnis geblieben ist, welche Fragen und Anregungen sie haben usw.

Neben der Variante, bei der alle SchülerInnen das gleiche Buch lesen, gibt es auch die Möglichkeit, dass jedes Kind aus einem Pool an Büchern (Klassen- oder Schulbibliothek, Bücherkisten der örtlichen Bücherei, Kap. 2.1.2.3) eines auswählt und für sich alleine liest.

Buchpräsentationen In regelmäßigen Abständen können kleine Präsentationen durchgeführt werden, bei denen die SchülerInnen ihr jeweiliges Buch vorstellen. Zur Vorbereitung fertigen sie ein Plakat oder eine Präsentation (z. B. mit PowerPoint) mit kurzen Texten und Bildern zu ihrem Buch an. In der Präsentation soll deutlich werden, worum es im Buch geht, was sie selbst für besonders gut gelungen halten (oder auch nicht) und warum sie das Buch weiterempfehlen würden (oder auch nicht). Auch das Drehen eines kleinen Werbeclips oder das Verfassen einer Rezension mit Lob und Kritik wäre denkbar.

Lesekiste Eine andere Idee besteht darin, für die Buchpräsentation passend zum Buch eine sogenannte Lesekiste zu gestalten. Grundlage ist dabei ein Schuhkarton, der bemalt, beklebt und mit Figuren passend zum Buch ausgestattet wird.

Leserolle Ähnlich funktioniert eine Leserolle. Hierbei wird eine Stapelchipsrolle außen passend zum Buch gestaltet und mit einer Schriftrolle (aneinandergeklebte Din-A4-Blätter) gefüllt, die alles beinhaltet, was dieses Kind zum Buch erarbeitet hat. Weitere Ideen sind z. B. auf dem Bildungsserver Berlin-Brandenburg zu finden:

Düring, A., Grünack, I., Hohlbein, G., Mühlens, H., Waldmann, E. (2012): Aus der Bücherwelt. Lesetipps für die Grundschule. In: bildungsserver.berlin-brandenburg.de/fileadmin/bbb/unterricht/faecher/sprachen/deutsch/Grundschule/Aus_der_Buecherwelt.pdf, 10.03.2021

AutorInnenlesung Eine AutorInnen-Lesung lässt sich gut in Kooperation mit einer Bibliothek organisieren. Der/die AutorIn eines selbst gelesenen Buches kennenzulernen und Fragen stellen zu dürfen, ist für die Kinder oft ein ganz besonderes Erlebnis und kann einen zusätzlichen Motivationsschub bezüglich des Lesens und Schreibens nach sich ziehen. Unterstützung bei der Organisation und Finanzierung bietet z. B. der Bödecker-Kreis mit einem Pool an AutorInnen an.

Bundesverband der Friedrich-Bödecker-Kreise e. V. (2020): Literatur erleben. In: www.boedecker-kreis.de, 10.03.2021

3.6 Strategie- und Rollenspiele

Glücks- oder Zufallselemente sind bei Strategiespielen nur in geringem Umfang enthalten. Strategiespiele existieren als Brett-, Computer- oder als Pen-and-Paper-Spiele. Auch SchülerInnen mit Hochbegabung können hiermit gut ihr Denkvermögen trainieren und unter Beweis stellen. Aus der Fülle möglicher Strategiespiele werden im Folgenden zwei vorgestellt, die unterschiedliche Ansätze repräsentieren.

3.6.1 Gipf-Project

thematisch ungebunden

Das Gipf-Project von Kris Burm (Gipf-Project o. J.) umfasst sieben abstrakte, also nicht thematisch eingebundene Strategie-Brettspiele, von denen Gipf eines ist. Das Spielbrett zeigt ein Muster sich kreuzender Linien, auf dem weiße und schwarze Spielsteine nach ausführlich beschriebenen Regeln gesetzt werden. Steine, die einmal im Spiel sind, können nicht mehr selbstständig bewegt, sondern nur von anderen Steinen weitergeschoben werden. Ziel ist es, in einer Linie vier Steine der eigenen Farbe zu haben. Gelingt dies einem/einer SpielerIn, so werden alle auf dieser Linie liegenden Steine zum Spielfeldrand vorgeschoben und daraus die vier gleichen Steine von dem/der jeweiligen SpielerIn zurück in den eigenen Vorrat genommen. Die übrigen, gegnerischen Steine werden aus dem Spiel entfernt. Gewonnen hat ein/e SpielerIn, wenn der/die GegnerIn keine Spielsteine mehr im Vorrat oder keinen Gipfstein (zwei aufeinandergestellte Spielsteine) mehr im Spiel hat. Empfohlen wird das Spiel für Kinder ab 13 Jahren, es lässt sich mit hochbegabten Kindern aber durchaus bereits in der Grundschule spielen.

3.6.2 Puerto Rico

thematisch gebunden

Puerto Rico (Seyfarth 2014) ist ein preisgekröntes Spiel, das der Variante der thematisch gebundenen Strategiespiele zuzuordnen ist. Die SpielerInnen werden ins 16. Jahrhundert versetzt und haben die Aufgabe, zu möglichst viel Besitz zu kommen, egal, in welcher Rolle (z. B. Goldsucher, Siedler, Händler) sie in das Spiel eingestiegen sind. Dazu werden Gebäude gebaut oder erworben, es wird mit Gütern gehandelt, die verschifft werden usw. Gewonnen hat, wer am Ende die meisten Siegpunkte für seine Aktionen erzielen konnte. Das Spiel gibt es in unterschiedlichen Varianten für verschiedene Altersstufen.

3.6.3 Das Schwarze Auge

Fantasy-Spiel Bei „Das Schwarze Auge“, ursprünglich entwickelt von Ulrich Kiesow, handelt es sich um ein Pen-and-Paper-Rollenspiel, das auf dem fiktiven Kontinent Aventurien angesiedelt ist. Dort gibt es eine Fülle unterschiedlicher Charaktere wie Magier, Elfen oder Zwerge. Neben Eigenschaften wie Mut, Klugheit, Intuition, Charisma und Fingerfertigkeit gibt es eine Reihe von Talenten, die in Attacken und Paraden des Kampfgeschehens zum Einsatz kommen. Daneben existiert ein Magiesystem mit festgelegten Sprüchen, die ins Geschehen eingreifen.

„Das Schwarze Auge“ gibt es in unterschiedlichen Varianten als Spielboxen, Abenteuerbücher oder als Computerspiel bereits für Kinder ab sieben Jahren (Ulisses Medien & Spiel Distribution GmbH o.J.). Mathilda (Kap. 1.2.1.1) war ganz vernarrt in dieses doch recht komplexe Spiel, trainierte ihre strategische Zusammenarbeit im Team und konnte die nächste Spielezeit kaum abwarten.

3.7 Meditation und Stressmanagement

Auch Kinder mit Hochbegabung brauchen einen Ausgleich für die vielfältigen Anforderungen, die an sie gestellt werden. Dabei sind es nicht nur Leistungssituationen, die Stress verursachen, auch Langeweile oder Konflikte sind hier zu nennen. Zum Stressmanagement und zur Stressreduktion bieten sich Entspannungsverfahren wie die progressive Muskelrelaxation nach Jacobson, das autogene Training nach Schultz oder Meditationsverfahren an. Bei einigen wenigen Kindern (z. B. mit einer psychischen Erkrankung) kann ein Entspannungsverfahren kontraindiziert sein. Hier ist eine vorherige Absprache mit dem behandelnden Arzt (über die Eltern) sinnvoll.

3.7.1 Progressive Muskelrelaxation

Wenn als Folge von Stress z. B. Kopf-, Rücken- oder (insbesondere bei Kindern) Bauchschmerzen auftreten, kann ein bewusstes Entspannen der Muskulatur sehr hilfreich sein. Bei den einzelnen Übungen werden z. B. die Muskeln des Arms für ca. zehn Sekunden angespannt, um sie dann für ca. 30 Sekunden bewusst zu entspannen. Im Laufe einer Sitzung werden nacheinander alle

Muskelgrupppen des Körpers an- und entspannt, wobei die Muskelübungen für Kinder in eine altersgerechte Rahmenhandlung eingebettet werden können. Dieser Wechsel aus Anspannung und Entspannung kann die Körperwahrnehmung verbessern und dazu beitragen, dass die Kinder ruhiger und insgesamt entspannter werden.

Güthoff, F., Kanber, E., Knauer, B., Müthing, K., Welt, T. (2015): Unterrichtsmaterial zum Thema Gesundheit. Entspannung, Bewegung, Ernährung. In: www.kinderschutzbund-nrw.de/pdf/UMaterial_Gesundheit.pdf, 10.03.2021

Küsel, K. (2017): Progressive Muskelentspannung. In: www.netdoktor.de/stress/progressive-muskelentspannung-anleitung

Speck, V. (2018): Progressive Muskelentspannung für Kinder. 8–12 Jahre. CD. Hogrefe Verlag, Göttingen

3.7.2 Autogenes Training

Das autogene Training ist eine klassische Entspannungsmethode, die bei regelmäßigem Üben gegen Stress, Ängste, Schlafstörungen, Schmerzen und Konzentrationsstörungen helfen kann. Autogenes Training kann im Liegen oder Sitzen durchgeführt werden. Die Augen sind geschlossen, um sich ganz auf die Grundübungen Ruhe, Schwere und Wärme konzentrieren zu können. Formeln führen in einen leichten hypnoseähnlichen Zustand, in dem das Kind ganz entspannt ist.

individuelle Vorsatzsprüche

Das Unbewusste kann zusätzlich durch individuelle Vorsatzsprüche gezielt angesprochen werden. Wichtig ist am Ende einer Trainingseinheit die Rücknahme, bei der die Kinder ihre Muskeln bewusst anspannen und wieder ins Hier und Jetzt zurückkehren. Bei Kindern lassen sich die Übungen des autogenen Trainings gut in eine Fantasiereise integrieren.

Behringer, K. H., Rösch, N. (2016): Autogenes Training mit Kindern. Beltz, Weinheim

Petermann, U. (2019): Die Kapitän-Nemo-Geschichten gegen Angst und Stress. Hogrefe, Göttingen

Seyffert, S. (2017): Autogenes Training mit Grundschulkindern. Fantasiereisen, Stilleübungen und Entspannungsrätsel. AOL, Buxtehude

3.7.3 Meditation

Auch Meditation hat das Ziel, zur Ruhe zu kommen und Stress abzubauen, wobei in diesem Fall der Schwerpunkt auf das Verengen der Wahrnehmung auf einen kleinen Ausschnitt und das Ausschalten weiterer Reize gelegt wird. Das kann durch die Konzentration auf ein Bild, ein Mantra (z. B. „Omm"), Kerzenlicht, Musik oder den eigenen Atem sein.

Soll der eigene Atem im Mittelpunkt stehen, legt das Kind z. B. im Liegen eine Hand auf den Bauch. Dann beobachtet es, wie sich die Hand mit jedem Atemzug auf- und abbewegt. Im Lauf der Meditation soll durch ein Vertiefen der Atmung die Bewegung immer langsamer werden. Es gibt vielfältige Anregungen, wie Meditation mit Kindern gelingen kann. Hierbei werden teilweise auch Fantasiegeschichten mit einbezogen. Wie beim Autogenen Training ist auch bei der Meditation eine Rückführung ins Hier und Jetzt wichtig. Kontraindikationen sollten beachtet werden.

Grosser, D., Appel, J. (2019): Zauberwald & Zwergenkraft. Fantasiereisen und Meditationen für Kinder. Aurum, Braunschweig

Snel, E. (2013): Stillsitzen wie ein Frosch. Kinderleichte Meditationen für Groß und Klein. Goldmann, München

Passwort für Online-Material

Das Passwort zum Öffnen des Zusatzmaterials lautet:

L3rnt4gebuch!

Bitte geben Sie das Passwort nicht weiter!

Literatur

Akademie für Lehrerfortbildung und Personalführung (ALP) (2015): Besonders Begabte finden und fördern. In: besondersbegabte.alp.dillingen.de/index.php, 11.03.2021

Arbeitskreis Bildungsstandards (2008): Grundsätze und Standards für die Informatik in der Schule. Bildungsstandards Informatik für die Sekundarstufe I. LOG IN, Berlin. In: fb-iad.gi.de/fileadmin/FB/IAD/Dokumente/bildungsstandards_2008.pdf, 11.03.2021

Aufgabenausschuss des Mathematik-Olympiaden e. V. (2018): Aufgabenarchiv. Aufgabe 580321 58. Mathematik-Olympiade 2. Runde. In: www.mathematik-olympiaden.de/aufgaben/58/2/A58032.pdf, 11.03.2021

Barke, H.-D., Engida, T., Yitbarek, S. (2009): Concept Cartoons. Diagnose, Korrektur und Prävention von Fehlvorstellungen im Chemieunterricht. Praxis der Naturwissenschaften – Chemie in der Schule 58 (8), 44–49

Behörde für Bildung und Sport, Amt für Schule, Hamburg (BBS-HH) (2002): Knobeleien mit Streichhölzern. Handreichung zum Mathematikunterricht in der Grundschule In: bildungsserver.hamburg.de/contentblob/3871834/72f1d092a1aa80895990c5e11523f7fb/data/knobeln.pdf, 11.03.2021

Blut, T. C. (2020): Die nicht-kognitiven Aspekte der Hochbegabung. Selbstkonzepte von hochbegabten Erwachsenen. Springer, Wiesbaden

Bönsch-Kauke, M. (2008): Klüger durch Schach. Wissenschaftliche Forschungen zu den Werten des Schachspiels. Leibniz, St. Goar

Calliope gGmbH (2021a): Ein Microcontroller mit vielfältigen Möglichkeiten. In: calliope.cc/calliope-mini/uebersicht, 11.03.2021

Cam, P. (1996): Sterben Äpfel auch? Verlag an der Ruhr, Mühlheim an der Ruhr

Deutsche Schachstiftung e. V. (o. J.): Trainingsmaterial für Schachspieler & Trainer In: schachtraining.de/, 11.03.2021

Dunker, N. (2010): Concept Maps im naturwissenschaftlichen Sachunterricht. Didaktisches Zentrum, Oldenburg

Feger, B. (1981): Hochbegabte Kinder aus benachteiligten Familien. In: Wieczerkowski, W., Wagner, H. (Hrsg.): Das hochbegabte Kind. Schwann, Düsseldorf, 132–146

Forschungszentrum Matheon, Mathematik für Schlüsseltechnologien, Technische Universität Berlin (o. J.): Matheathlon. In: www.matheon.de/matheathlon/, 11.03.2021

Gagné, F. (2004): Transforming gifts into talents. The DMGT as a developmental theory. High Ability Studies 15 (2), 119–147

Gauck, L., Reimann, G. (2015): Diagnostik von Hochbegabungen. Deutscher Psychologen Verlag, Berlin

Geuß, H. (1981): Zur Problematik der Identifikation von Hochbegabung. In: Wieczerkowski, W., Wagner, H. (Hrsg.): Das hochbegabte Kind. Schwann, Düsseldorf, 52 – 68

Gipf-Project (o. J.): Gipf-Project. In: www.gipf.com, 11.03.2021

Gold, A., Mokhlesgerami, J., Rühl, K., Schreblowski, S., Souvignier, E. (2004): Wir werden Textdetektive. Lehrermanual und Arbeitsheft. Vandenhoeck & Ruprecht, Göttingen

Greiten, S. (Hrsg.) (2016): Das Drehtürmodell in der schulischen Begabtenförderung. Studienergebnisse und Praxiseinblicke aus Nordrhein-Westfalen. Karg Heft 9, Karg-Stiftung, Frankfurt a. M. . In: www.karg-stiftung.de/pdf/karg-heft-nr-9/, 11.03.2021

Greulich, A., Großmann, U., Jacob, E., Neuhof, H. U., Pieler, M. (2010): Kinder mit hohen kognitiven Fähigkeiten in der Schulanfangsphase. Landesinstitut für Schule und Medien Berlin-Brandenburg (LISUM), Ludwigsfelde-Struveshof

Grygier, P., Hartinger, A. (2009): Gute Aufgaben Sachunterricht. Cornelsen Scriptor, Berlin

Heilmann, K. (1999): Begabung, Leistung, Karriere. Hogrefe, Göttingen

Heinbokel, A. (1981): Modelle der Hochbegabtenförderung in den USA, in Israel und Großbritannien. In: Wieczerkowski, W., Wagner, H. (Hrsg.): Das hochbegabte Kind. Schwann, Düsseldorf, 189 – 199

Heller, K. A. (1996): Begabtenförderung – (k)ein Thema in der Grundschule? In: Grundschule, 28(5), 12 – 14

Heller, K. A., Perleth, C. (2007): Münchner Hochbegabungstestbatterie für die Primarstufe. Hogrefe, Göttingen

Hirling (o. J.): Quizfragen für Kids… aber nicht nur. In: www.quizfragen4kids.de www.quizfragen4kids.de/figuren-sinnes-bilderraetsel/streichholz-spiele-knobeleien-1.html, 02.03.2021

Hoffmann, A. (Hrsg.) (o. J.): Antolin. Westermann Bildungsmedien, Braunschweig. In: www.antolin.westermann.de, 11.03.2021

Hseng-Hong, Y. (1996): Das Vogelnest. In: Cam, P. (Hrsg): Sterben Äpfel auch? Verlag an der Ruhr, Mühlheim an der Ruhr, 24 – 27

Institute for Human & Machine Cognition (2021): CmapTools. In: https://cmap.ihmc.us/cmaptools, 11.03.2021

Jäger, A. O., Holling, H., Preckel, F., Schulze, R., Vock, M., Süß, H.-M., Beauducel, A. (2006): Berliner Intelligenzstrukturtest für Jugendliche: Begabungs- und Hochbegabungsdiagnostik (BIS-HB). Hogrefe, Göttingen

Käpnick, F., Nolte, M., Walther, G. (2005): Talente entdecken und unterstützen. SINUS-Transfer Grundschule. Modul Mathematik G5. Leibniz-Institut für die Pädagogik der Naturwissenschaften (IPN) an der Universität Kiel. In: www.sinus-an-grundschulen.de/fileadmin/uploads/Material_aus_STG/Mathe-Module/M5.pdf, 11.03.2021

Keller, G. (2011): Psychologie für den Schulalltag. Hans Huber, Bern

Kircher, E. (2011): Naturwissenschaftliche Talente entdecken und fördern. In: Demuth, R., Walther, G., Prenzel, M. (Hrsg.): Unterricht entwickeln mit SINUS. 10 Module für den Mathematik- und Sachunterricht in der Grundschule. 1. Aufl., Klett/Kallmeyer, Seelze, 101–108. In: www.sinus-an-grundschulen.de/fileadmin/uploads/Material_aus_SGS/Unterricht_entwickeln_mit_SINUS.pdf, 11.03.2021

Kretschmann, J., Vock, M., Lüdtke, O. (2014): Acceleration in elementary school. Using propensity score matching to estimate the effects on academic achievement. In: Jornal of Educational Psychology, 106 (4), 1080–1095

Kubinger, K. D., Holocher-Ertl, S. (2014): Adaptives Intelligenz-Diagnostikum 3. Hogrefe, Göttingen

Landau, E. (1999): Mut zur Begabung, 2. Aufl., Ernst Reinhardt, München

Lucito, L. J. (1964): Gifted children. In: Dunn, L. M. (Hrsg.): Exceptional children in the schools. Holt, Rinehart & Winston, New York NY, 179–238

Mähler, B., Hofmann, G. (2005): Ist mein Kind hochbegabt? Rowohlt, Hamburg

Mathe im Leben gGmbH, Deutsche Mathematiker Vereinigung (o. J.): Mathe im Advent. In: www.mathe-im-advent.de, 02.03.2021

Mathematik-Olympiaden e. V. (o. J.): Mathematik-Olympiade. In: www.mathematik-olympiaden.de, 11.03.2021

Mathematikwettbewerb Känguru e. V. (o. J.): Känguru der Mathematik. In: www.mathe-kaenguru.de/wettbewerb/index.html, 11.03.2021

Mathematikum Gießen e. V. (o. J.): Experimente für Zuhause. Mit einem Schnitt. In: www.mathematikum.de/mathematikum-online/experimente-fuer-zuhause/mit-einem-schnitt, 11.03.2021

McWilliams, C. (2018): What Does Being Gifted Really Mean? Michigan State University. Gifted and talented education (Blog). In: www.gifted.msu.edu/about/226/what-does-being-gifted-really-mean, 11.03.2021

Meyer, H. (1994): Unterrichtsmethoden 1. Theorieband, 6. Aufl., Cornelsen Scriptor, Frankfurt a. M.

Millgate House Education (o. J.): Millgate House. In: millgatehouse.co.uk, 07.03.2021

Ministerium für Bildung Rheinland-Pfalz (2018): Naturwissenschaftliche Inhalte im Sachunterricht. In: grundschule.bildung-rp.de/fileadmin/user_upload/grundschule.bildung-rp.de/Praxishandbuch_Naturwissenschaftliche_Inhalte_im_SU.pdf, 11.03.2021

Ministerium für Bildung, Wissenschaft, Weiterbildung und Kultur Rheinland-Pfalz (2009): Hochbegabte Kinder. Erkennen und Fördern hochbegabter Kinder im Elementar- und Primarbereich. In: grundschule.bildung-rp.de/fileadmin/user_upload/grundschule.bildung-rp.de/Downloads/Hochbegabung/Publikationen/Broschuere_2._Auflage.pdf, 11.03.2021

Ministerium für Schule und Bildung des Landes Nordrhein-Westfalen (2020): Landesweiter Mathematikwettbewerb für Schülerinnen und Schüler der 4. Klassen in Nordrhein-Westfalen. In: www.grundschulmathewettbewerb-nrw.de, 11.03.2021

Ministerium für Schule und Weiterbildung des Landes Nordrhein-Westfalen (MSW-NRW) (2008): Lernaufgaben Mathematik Grundschule. In: www.schulentwicklung.nrw.de/materialdatenbank/material/download/1641, 02.03.2021

Mönks, F., Ypenburg, I. H. (2012): Unser Kind ist hochbegabt. Ein Leitfaden für Eltern und Lehrer. 5. Aufl., Ernst Reinhardt, München

Müller, D., Rademacher, M., Spies, K. (2013): Rollenverteilung innerhalb einer Langzeitgruppe. Universität Freiburg. In: home.mathematik.uni-freiburg.de/didaktik/lehre/ss13/ddgs/KW19.pdf, 11.03.2021

Naylor, S., Keogh, B. (2000): Concept Cartoons in Science Education. Millgate House, Sandbach UK

Noack, K. (o. J.): Mathelounge. In: www.mathelounge.de/433444/zahlenratsel-dreieck-summe, 11.03.2021

Pädagogische Hochschule Karlsruhe, Karlsruher IT-Sicherheitsinitiative (KA-IT-Si) (o. J.): Krypto im Advent. In: www.krypto-im-advent.de, 02.03.2021

Petermann, F., Petermann, U. (2011): Wechsler Intelligence Scale for Children – Fourth Edition. Hogrefe, Göttingen

Pfeng, A. (2008): Problemlösen lernen im Mathematikunterricht. Heuristische Strategien und Hilfsmittel in der Grundschule. In: www.schulentwicklung.nrw.de/sinus/upload/tagung20080315/PowerpointNeuss_Pfeng.pdf, 03.04.2021

Preckel, F., Baudson, T. G. (2013): Hochbegabung. Erkennen, Verstehen, Fördern. C. H. Beck, München

Preckel, F., Götz, T., Pekrun, R., Kleine, M. (2008): Gender differences in gifted and average-ability students. Comparing girls' and boys' achievement, self-concept, interest, and motivation in mathematics. In: Gifted Child Quarterly, 52, 146–159

Renzulli, J. S. (1978): What makes giftedness? Reexaming a definition. In: Phi Delta Kappan, 60, 180–184

Rüppel, H. (1981): Ein ökologisches Förderungsmodell für Hochbegabte. Eine Modifikation des Bonner Lehr-Lern-Systems. In: Wieczerkowski, W., Wagner, H. (Hrsg.): Das hochbegabte Kind. Schwann, Düsseldorf, 171–179

Scheidt, v. J. (2004): Das Drama der Hochbegabten. Zwischen Genie und Leistungsverweigerung. Kösel, München

Schiefele, H., Krapp, A. (Hrsg.) (1981): Handlexikon zur Pädagogischen Psychologie. Franz-Ehrenwirth, München

Schlimok, J. (o. J.): Mit Gruppenarbeit im Unterricht soziale Kompetenzen vermitteln. FORREFS. In: www.forrefs.de/grundschule/unterricht/unterricht-halten/organisationsformen/mit-gruppenarbeit-im-unterricht-soziale-kompetenzen-verbessern, 11.03.2021

Seyfarth, A. (2014): Puerto Rico. Ravensburger, Ravensburg

Siegle, D., Powell, T. (2004): Exploring teacher bias when nominating students for gifted programms. In: Gifted Child Quarterly, 48, 21–29

Sportjugend Rheinhessen (o. J.): Spiele für mehr Sozialkompetenz. In: sportjugend-rheinhessen.de/wp-content/uploads/2020/07/Spiele-f%C3%BCr-mehr-Sozialkompetenz.pdf, 11.03.2021

Stapf, A. (2003): Hochbegabte Kinder. Persönlichkeit. Entwicklung. Förderung. C. H.Beck, München

Technische Universität Dortmund (o. J.a): PIKAS, Haus 6: Heterogenität. Deutsches Zentrum für Lehrerbildung Mathematik. In: pikas.dzlm.de/pikasfiles/uploads/upload/Material/Haus_6_-_Heterogene_Lerngruppen/UM/Offene_Aufgaben/Paketpiko_H6_Offene_Aufgaben.pdf, 11.03.2021

Technische Universität Dortmund (o. J.b): KIRA. Leistungsstarke Kinder. In: kira.dzlm.de/diagnose-co/leistungsstarke-kinder, 11.03.2021

Technische Universität Dortmund (o. J.c): primakom. Deutsches Zentrum für Lehrerbildung Mathematik. In: www.primakom.dzlm.de/aufgabenformate/zahlenmauern/einstieg, 11.03.2021

Thal, J., Vormdohre, K. (2009): Methoden und Entwicklung. Basismaterialien für effektiven und aktivierenden Unterricht. Schneider, Hohengehren Baltmannsweiler

ThinkFun (o. J.): ThinkFun. Mach's mit Köpfchen! Denk- und Logikspiele mit hohem Spaßfaktor, die deinen Verstand fordern und schärfen. In: www.thinkfun.de/our-products/, 11.03.2021

Ulisses Medien & Spiel Distribution GmbH (o. J.): Das Schwarze Auge. In: ulisses-spiele.de/spielsysteme/dsa5/, 10.03.2021

Vock, M. (2018): Intelligenz – Begabung – Förderung: Grundlagen der Begabungsforschung. Update 2018. Vortrag am 16.03.2018 auf dem Kongress zum 40-jährigen Bestehen der DGhK: „Gesichter von Hochbegabung". Die Vielfalt von Begabungen und Talenten, Bensberg

Weinschenk, K. (1981): Merkmale von Hochbegabung. In: Wieczerkowski, W., Wagner, H. (Hrsg.): Das hochbegabte Kind. Schwann, Düsseldorf, 91–110

White, B. (1985): Competence and giftedness. In: Freeman, J. (Hrsg.): The psychology of gifted children, Wiley, Chichester, 59–73

Wygotsky, L. S. (1987): Ausgewählte Schriften. Bd. 2. Pahl-Rugenstein, Köln

Sachregister